Beziehungs-Weise werden?
Wieso weise?

Weil der Weise bewußt

auf seine Schritte achtet

und nicht immer wieder

über dieselben

Stolpersteine

fällt!

Otto Richter

Partnerschaft

Acht Schritte
auf dem Weg zum
Glück

Aus dem Amerikanischen von
Michael Harlacher

www.HumanHolographics.de

Dieses Buch ist Sabine gewidmet,
meiner Partnerin, durch die und mit der ich
Partnerschaft lernen durfte und immer noch lerne.

Zweite Ausgabe:

Herstellung und Verlag: Books on Demand GmbH, Nordersted
© Otto Richter 1995, 2007
Alle Rechte vorbehalten
ISBN 978-3-8370-1651-2
Umschlaggestaltung (nach Originalausgabe): Zembsch' Werkstatt München
Druck und Bindung: BoD
Bibliografische Information der Deutschen Nationalbibliothek Die Deutsche
Nationalbibliothek verzeichnet diese Publikation in der Deutschen
Nationalbibliografie; detaillierte bibliografische Daten sind im Internet über
http://dnb.d-nb.de abrufbar.

Zuerst veröffentlicht in Deutschland :

Heinrich Hugendubel Verlag, München 1995
ISBN 3-88034-845-6
Die Deutsche Bibliothek - CIP-Einheitsaufnahme
Richter, Otto:
Partnerschaft : acht Schritte auf dem Weg zum Glück / Otto Richter.
(Irisiana)

Printed in Germany

4

Inhaltsverzeichnis

Danksagung 7
Vorwort 10
Einführung 15

Teil 1
Der Mond, die dunkle Seite
Kapitel 1: Das Geheimnis von Partnerschaft 21
    Vorbereitung 26
Kapitel 2: Große Erwartungen 28
    Frage Nr. 1 28
Kapitel 3: Verdeckte Investitionen 37
    Frage Nr. 2 37
Kapitel 4: Der Schatten von Mutter und Vater 51
    Mami, Papi und meine größte Erwartung 53
    Mami, Papi und meine verdeckte Investition 54
Kapitel 5: Die Angst vor der Angst 57
    Frage Nr. 3 57
    Das Gesetz der Anziehung und der Abstoßung 64
Kapitel 6: Alte zerstörerische Muster 71
    Frage Nr. 4 71
    Kreaturisation: Wie man einer Neigung abschwört 75
    PMS (Prämenstruelles Syndrom) als Vergrößerungsglas 85
    Rituelles Theater (eine Aussage dir selbst gegenüber) 91

Teil 2
Die Sonne, die helle Seite
Kapitel 7: Phantastische Möglichkeiten 101
    Frage Nr. 5 101
    Orte der Kraft und der Neugier 104
    Gute Kommunikation mit Herz 105
    Übung: »Einchecken« mit Atem und Aufmerksamkeit 108

Mir selbst geben, was ich von meiner Bezugsperson
erwarte   115
Meinem Partner geben, was ich von ihm erwarte   120
Die Angst annehmen und aufgeben   121
Die Aufmerksamkeit auf die sich wandelnden
Gemeinsamkeiten richten   125
Die Beziehung loslassen   127
Überblick   128
Kapitel 8: Der Pla-psybo Effekt   133
Frage Nr. 6   133
Kapitel 9: Das Recht zu entscheiden, was ich glaube   140
Frage Nr. 7   140

Teil 3
Erde, die Vereinigung
Kapitel 10: Das Ritual der 21 Tage   151
Frage Nr. 8   151
Ernsthafte Aussage/Aussage der Ernsthaftigkeit   152
Zwei Kategorien von Ritualen   155

Epilog   170
Die acht Fragen   172
Beispiele für Antworten   174
Anmerkungen   175
Über den Autor   176

Danksagung

Dieses Buch wäre ohne meine Frau und Partnerin Sabine womöglich nie entstanden. Sie unterstützt mich in meinem Leben und in meiner Arbeit, und die Schritte, die dieses Buch für wirkliche Partnerschaft vorschlägt, sind von unserer beider Bemühungen um eine immer bessere Partnerschaft inspiriert. Ich empfinde tiefe Dankbarkeit für sie und unsere zwei Kinder, Sandra und Alexander. Ihr Dasein ist mir eine unerschöpfliche Quelle für meine Motivation zu lernen, für meine Hingabe an die Liebe und für mein kindliches Staunen über die Schönheit des menschlichen Wesens. Auch meiner Mutter und meinem Vater, Audrey und Otto, habe ich zu danken, die womöglich heute noch ihren Seelenfrieden riskieren würden, um mir Gelegenheit an der Entdeckung zu geben, daß Selbsterkenntnis Spaß machen kann und sich lohnt, auch wenn ich dabei Fehler machen sollte.

Einer der Menschen, die mein Leben am meisten beinflußt haben, ist Gabrielle Roth. Sie hat mir die Möglichkeit gegeben und mich dazu inspiriert, mich über denjenigen hinaus zu entwickeln, der ich war, zu dem, der »ich bin«, indem sie mich gelehrt hat, meinen Körper, mein Herz, meinen Geist und meine Seele zu bewegen. Ich bin ihr zutiefst zu Dank verpflichtet, und es ist mir eine Ehre, in diesem Buch auf meine Art und und Weise einen Teil des Wissens weiterzugeben, das sie vermittelt hat.

Weitere spirituelle Lehrer, deren persönlich vermittelte Lehren mich stark geprägt haben und daher auch in gewisser Weise hier einfließen, sind Paul Solomon, Tara Singh und Eduardo Calderon Palomino. Unter anderem lehrte mich Paul Solomon, meine egoistischen Wünsche und Bedürftigkeiten loszulassen und meine Aufmerksamkeit auf den Dienst an einem größeren Ziel zu richten. Tara Singh lehrte mich Bhakti Yoga, das Yoga der Hingabe, das die Qualität einer ebenso mitfühlenden wie messerscharfen Klarheit beinhaltet, wenn es darum geht, das Ego zu stutzen.

Eduardo führte mich zu neuen Dimensionen der Kraft in mir, indem er mir zeigte, wie ich mich mit den Kräften der Natur verbinden kann. All diesen Menschen bin ich zutiefst dankbar. Meine dankbare Anerkennung gilt auch der Arbeit des Erfolgsberaters und Autors Anthony Robbins, der mir geholfen hat, bestimmte Aspekte der Strategie in diesem Buch klarer und inspiriert zu gestalten.

Als Leiter von Gruppen und Seminaren in Nordamerika und Europa habe ich viele Jahre lang das Glück gehabt, mit Menschen zu arbeiten, die nach mehr Wahrhaftigkeit für sich selbst und die Menschen in ihrem Leben suchen. Einige ihrer Erfahrungen und Dialoge sind in diesem Buch dokumentiert und ausgeführt, um in beispielhafter Weise die jeweiligen inhaltlichen Aspekte zu verdeutlichen. Die Namen der Betreffenden sind ebenso verändert worden wie jeglicher Text, der ihre Identität enthüllen könnte. Nichtsdestoweniger möchte ich bei dieser Gelegenheit einen besonderen Dank all diesen Menschen dafür ausdrücken, daß sie als Teilnehmer viel zu dem Spaß beigetragen haben, den es gemacht hat, dieses Buch zu schreiben.

Bedanken möchte ich mich auch bei lieben Freunden von mir: Angela Roethe (die mich in vielerlei Hinsicht beraten hat, angefangen von grammatischen Grundkenntnissen bis hin zu dem Weißwein, den ich nicht zu einem Wiener Schnitzel trinken sollte), Dr. Andreas Giger (der mich inspiriert hat, auf meinem Weg viel weiter fortzuschreiten, als ich für möglich gehalten hätte, indem er mir immer wieder Vielversprechendes vorgaukelte, wie etwa »Los Otto, wir sind bald da - es ist gleich hinter der nächsten Biegung«!), Jeffrey Hoffman (für seine beständige Freundschaft und dafür, daß er mir ein wirklicher Bruder ist), Dr. Wolfgang Schlichter (der mich immerfort in meiner Kreativität unterstützt hat und überdies bezüglich wissenschaftlicher Aspekte in diesem Buch beraten hat), Dr. Frank Cardelle (der mir für dieses Manuskript brüderliche Ratschläge sowie wesentliche Orientierung gegeben hat), Dr. Ruth Schölkopf, ein wandelndes Lexikon, das ich mich glücklich schätze, als Schwiegermutter zu haben (für die Beiträge aus ihrem akademischen Fachwissen), Christine Pieler (für jahrelange fürsorgliche Beratung, für kompromißlose Freundschaft und einen scharfen Geist sowie für ihre mündliche Übersetzung ins Deutsche), Daya Mullins und der Mannschaft vom »Weg der Mitte« in Berlin (für Jahre der partnerschaftlichen Unterstützung in der Verbreitung meiner Arbeit) und allen Organisatoren während dieser Jahre, die mir eine Plattform geschaffen haben, um meine Arbeit international zu verbreiten. Es sind derer zu viele, als daß ihre Namen hier genannt werden könnten.

Ganz besonders möchte ich meinem Dank an Michael Harlacher dafür Ausdruck verleihen, daß er Zeit und Energie aufgewendet hat, um eine ausgezeichnete Übersetzung dieses Manuskriptes ins Deutsche zu erstellen, und natürlich auch dafür, daß er in diesen vielen Jahren immer ein lieber Freund war. Ein ganz herzliches Dankeschön an meinen ursprünglichen Verleger und Lektor, Ulrich Pützstück, für seine Unterstützung und Sorgfalt für dieses Buch, ebenso den Mitarbeitern beim Sphinx Verlag für ihr Können. Zum Abschluß möchte ich noch dem Heinrich Hugendubel Verlag danken, der dafür Sorge trägt, daß das Buch in die Hände dessen gelangt, der es jetzt gerade liest.

Vorwort

Es ist schon eine Weile her, daß ich in den beschwingten siebziger Jahren einen Satz in einem von Richard Bachs tiefgründigen Büchern las, dem Buch *Illusions*[1]. Der Satz lautete: »Du lehrst am besten, was du am dringendsten lernen mußt.« Diese Worte und ihre Bedeutung sind mir seither geblieben. Doch besonderes Gewicht haben sie für mich heute, da ich mich frage, warum ich das Thema von Paarbeziehungen gewählt habe, um es mit Ihnen in diesem Buch zu teilen. Ganz besonders auch im Hinblick auf die Tatsache, daß ich mit diesem Thema in meinen Workshops und Seminaren seit Jahren arbeite. Ich möchte zu Beginn davon ausgehen, daß Beziehung - sei es zu meinem Lebensgefährten oder zu meiner Lebensgefährtin oder zu einem Fisch im Weltraum - höchstwahrscheinlich und tatsächlich das ist, was ich am nötigsten zu lernen habe. Bleibt zu hoffen, daß dieses Thema mir in der Folge wirksame und lebendige Mittel an die Hand gibt, um Sie dazu zu inspirieren, auf eben diesem bittersüßen Weg einer ernsthaften Seelen-Suche und erfolgreichen Problemlösung nachzugehen.

Ist die heutige Scheidungsrate wirklich notwendig? Gehen Sie davon aus, daß die wachsende Zahl der Kinder in unserer Gesellschaft, die einer engen Beziehung zu einem Elternteil oder dem anderen beraubt werden, sich ohne negative Folgen seelisch anpassen wird? Betrachten Sie das Auftreten von Gewalt als unvermeidbare Konsequenz des Zusammenlebens zweier Menschen in der heutigen Gesellschaft? Ich kenne Ihre Antwort nicht, aber meine ist ein klares Nein auf alle drei Fragen. Wenn ich mich in der Welt umschaue, sehe ich ein großes Bedürfnis, was die Fortdauer und den Erhalt von Beziehungen zwischen Partnern sowohl im privaten als auch im beruflichen Bereich angeht. Vielleicht bin ich deshalb motiviert, anderen zu helfen mit der Wirklichkeit klarzukommen und umzugehen, weil dieses Bedürfnis in gewisser Weise mein eigenes Bemühen spiegelt.

Wie oft haben Sie schon erlebt, daß ein einfaches Mißverständnis zwischen Freunden zu einem schrecklichen Bruch geführt hat? Aus welchem Grund sind Sie in der Lage, dieses Mißverständnis zu sehen, diese aber nicht? Wenn es Ihnen jedoch in der turbulenten Welt der heutigen Beziehungen ebenso geht wie den meisten Menschen, dann kann es gut sein, daß Sie Partnerschaft in der Liebe und im Leben sabotieren - ohne es zu wissen! Ob dies nun einen Freund, einen Berufskollegen, einen Geliebten, eine Geliebte oder wen auch immer betrifft - die Wahrscheinlichkeit ist groß, daß sich irgendwo in Ihrer Beziehung ein Saboteur versteckt, der bereit ist, sofort zuzuschlagen, wenn die Direktiven von Kopf und Herz nicht so recht zusammenpassen. Wer hat das nicht erlebt - von einer Beziehung in die andere und immer wieder in die gleichen Konfliktsituationen, und, wie es scheint, kaum fähig, endlich eine Lösung oder einen Ausweg zu finden. Die Folge davon ist Leid und Schmerz für alle Betroffenen, und dies ist ganz gewiß keine Inspiration, sich in neuen Beziehungen zu öffnen. Das muß einem das Gefühl geben, der einzige Ausweg wäre, von der wunderbaren Welt der Menschen Abschied zu nehmen.

Doch sehen wir den Tatsachen ins Gesicht. Bevor wir über eine bessere Partnerschaft sprechen, sollten wir besser über eine bessere Beziehung zu uns selbst sprechen. Wenn Sie keine Beziehung zu sich selbst haben, wie können Sie dann eine Beziehung zu jemand anderem haben? Wenn Sie sich nicht selbst achten, wie können Sie dann andere achten? Wenn Sie sich nicht lieben, wie können Sie irgend jemand sonst lieben? Um es noch deutlicher zu machen: die Qualität der Beziehung, die Sie zu sich selbst haben, spiegelt sich in der Qualität der Beziehung mit anderen. Ein großer Teil dieses Buches befaßt sich damit, objektiv in den Spiegel einer ganz bestimmten Form von Partnerschaft zu schauen.

Auf diese Weise bekommen Sie einen erweiterten Einblick in die Herausforderungen, denen Sie um Ihres individuellen Wachstums willen begegnen müssen, wo immer Sie hingehen und mit wem auch immer Sie zusammen sind. Im wesentlichen werden

Sie sich selbst ein besserer Partner werden. Dadurch werden Sie Ihre Fähigkeit meistern, Ihre Kräfte zu sammeln und damit schließlich Ihre eigenen Aufgaben in der Beziehung mit anderen erkennen und erfolgreich bewältigen.

Ob Sie nun daran interessiert sind, Ihre eigenen Beziehungen zu bereichern oder ein Therapeut bzw. Berater sind, der wirksamere Werkzeuge sucht, anderen zu helfen - Sie sind eingeladen, diesen neuen und ermutigenden Ansatz für Beziehungen zwischen zwei Menschen zu erleben. Dieses Buch ist zugleich informatives Beweismaterial, praktische Anleitung und spielerisches Arbeitsbuch. Form und Inhalt entstammen meinen Seminaren zum Thema Beziehung, die immer wieder neu gestaltet, überprüft und verfeinert worden sind. Die Lektüre ist also vergleichbar mit der Teilnahme an einer meiner Gruppen, bereichert noch durch die Erfahrung anderer; der Unterschied ist vielleicht der, daß Sie Ihre Erfahrung ganz privat machen können, wann und wo immer Sie wollen.

Dieses Buch bietet direkte Antworten für die Bedürfnisse all jener, die in ihrem Leben und in ihren Beziehungen positive Resultate und beständiges Wachstum wollen, und bedarf daher auch Ihrer tatsächlichen Teilnahme, die über den Standpunkt des Beobachters hinausgeht. Sie sind eingeladen, nicht nur zu lesen, sondern auch einige leichte Schreibarbeiten zu verrichten. Indem wir ganz bestimmten Fort-Schritten folgen, werden wir den Weg aus dem Land der persönlichen Begrenzung in die kraftvolle Welt des Handelns entlangtanzen. Sie können sich mit Hilfe dieses Buches in einen geführten Prozeß begeben, indem wir durch die Antwort auf acht einfache Fragen Ihre Beziehung mit sich selbst in einem neuen Licht und mit fruchtbarer Aufmerksamkeit betrachten werden, und damit das, was Sie zu Ihrer Beziehung beitragen können, klären und verfeinern werden.

Das Buch beinhaltet drei verschiedene Teile: Mond, Sonne und Erde. Diese makrokosmische Metapher drückt symbolisch die mikrokosmische Entwicklung aus, durch die unsere Reise uns führen will. Im ersten Teil gibt es einiges zu lachen, wenn wir die Schattenfiguren erforschen, die hinter der Bühne lauern, auf der sie ihren »Tanz mit dem Partner« inszenieren. Sie werden einen klaren Blick bekommen für Ihre Erwartungen, Ihren Einsatz, Ihre

Ängste und Ihre wunderbar einzigartigen Reaktionsmuster, jedoch nicht ohne Sinn für Humor und die nötige Distanz. Hier findet sich auch die ausführliche Erklärung einer neuen Technik zum Abbau von Beziehungen des Egos, die ich »Kreaturisation« nenne und eine Erläuterung dazu, wie diese Technik die verwandlungsträchtige Kunst des »rituellen Theaters« zu verfeinern vermag. Sie werden auch erfahren, auf welche Weise Ihre persönliche Vergangenheit zu Ihrer möglicherweise größten Begrenzung geworden ist und wie Ihr Festhalten an rigiden Vorstellungen von dem, was Partnerschaft sein sollte, häufig genau das Gegenteil bewirkt.

Der zweite Teil wirft ein helles Licht auf eine entschieden positive Richtung hinsichtlich Ihrer Fähigkeiten als Partner. In einer Visionssuche im eigentlichen Sinne werden Sie lernen, Ihre Aufmerksamkeit ausschließlich auf größere Möglichkeiten und Ihr persönliches Potential zu richten. Am Ende dieses Teiles werden Sie fähig sein, bewußt Ihre Vorstellungskraft zu benutzen, um machtvolle Wirkungen im Zentralnervensystem hervorzurufen, die Sie mit neuer Energie und Kraft versorgen. Dann wird erläutert, warum es ein menschliches Geburtsrecht ist, Ihre Glaubenssätze über sich selbst und Ihre Wirklichkeit bewußt zu erweitern, und wie Sie dies auf eine Art und Weise tun können, die zu gewaltigen Durchbrüchen in Ihren Beziehungen führt.

Im Mittelpunkt des dritten und letzten Teils steht die tatsächliche Umsetzung positiver Veränderungen im Alltag und in Ihrem persönlichen Leben. Das beinhaltet auch den Gebrauch einer spezifischen und bewährten Technik, von der ich festgestellt habe, daß sie am kraftvollsten wirkt, wenn es um wirkliche Veränderung geht. Unter meiner Anleitung werden Sie konkrete Wege und Werkzeuge entdecken, mit deren Hilfe Sie eine neue Ebene von Vertrauen, Verstand und Verantwortung in Ihre Welt der Beziehungen integrieren können.

Der eigentliche Anstoß für mich, diesen besonderen Prozeß in die Form des geschriebenen Wortes zu gießen, ist der Erfolg, den er so vielen anderen Menschen gebracht hat. Genau wie bei diesen Menschen ist es auch bei Ihnen meine Absicht, Sie darin zu unterstützen, ein Partner zu werden, der alles einbringt, was er hat. Wenn Sie am Ende von »Partnerschaft« angelangt sind, werden

Sie die Freude kennen und erleben, die der bedeutsamen Anstrengung entspringt, Ihre Partnerschaft zur bestmöglichen zu machen. Als Partner werden Sie Ihren Tanz aufrichtig, integer und mit Hingabe tanzen. Das gibt Ihnen nicht nur ein gutes Gefühl, sondern zieht auch unvermeidbar reichhaltige Entwicklungen mit Kollegen, Familienmitgliedern, Geliebten und Freunden nach sich.

Einführung

Das Wort »Partnerschaft« beinhaltet eine Form der ernsthaften und gegenseitig unterstützenden Kooperation von zwei Menschen. Die Ergebnisse dieser Kooperation sollten jedem Individuum eine positivere Erfahrung verschaffen, als sie ohne Kooperation möglich wäre. Üblicherweise betrifft das Beziehungen, in denen die Partner einen gleichwertigen Status haben - zwei Partner, von denen jeder die Hälfte zu dem beiträgt, was auch immer erforderlich ist, um ein erfolgreich funktionierendes Ganzes zu verwirklichen. Diese Zweierdefinition stellt ein hübsches Ideal dar. Wenn wir aber die Fundamente dieses Ideals näher untersuchen, dann stellen sich die damit verbundenen Erwartungen vielleicht als die Termiten heraus, die am schon brüchigen Fundament manch einer grausamen Zweisamkeit nagen.

Nehmen wir jedoch einmal an, wir würden die allgemeine Interpretation von Partnerschaft auf Partner ausdehnen, die keinen gleichwertigen Status haben. Das würde bedeuten, daß Sie die Beziehung zu Ihrem Chef oder Ihrem Untergebenen, zu Ihrem Kind oder zu einem Elternteil, zu Ihrem Lehrer oder einem Studenten etc. als Partnerschaft betrachten würden. Auf diese Weise können Sie damit beginnen, der Tatsache Rechnung zu tragen, daß alle Beziehungen ihrer Natur nach ungleich sind, und zu verstehen, daß Gleichheit nicht wirklich von Bedeutung ist. Was jedoch ganz sicher von Bedeutung ist: ob Sie Partnerschaften als Gelegenheiten der persönlichen Entwicklung wahrnehmen oder nicht, ob Sie aus schmerzhaften Fehlern lernen können und sie nicht wiederholen.

Wer glauben Sie, daß Sie sind?

Was bringt einen Menschen dazu, in seiner Beziehung destruktiv zu werden? Wann fliegt der Funke, der die Zündschnur zum Brennen bringt, die Bombe hochgehen läßt, die vom besagten Saboteur mitten in Ihre Partnerschaft geworfen wird? All zu viele Menschen würden diese Frage beantworten mit: »Wenn wir uns zu nahe kommen.« Vielleicht liegen Sie gar nicht so falsch, wenn das für Sie nach zwei Bäumen klingt, die in einem dichten Wald um Überlebensraum kämpfen. Aber kommt es zu ähnlichen Überlebenskämpfen nicht auch in Beziehungen mit Menschen, von denen wir behaupten, wir würden sie in unserem Alltag brauchen, daß uns an ihnen liegt oder wir sie gar lieben?

Kann Nähe so viel Angst in den Herzen von Männern und Frauen auslösen? Ich glaube nicht - nicht in ihren Herzen, aber in ihren Köpfen. Wenn wir uns »zu nahe« kommen, dann erscheint es als Bedrohung, daß wir in einer Weise beherrscht oder kontrolliert werden könnten, durch die wir unsere Identität verlieren würden - das, was wir zu sein glauben. Wir halten an unserer Identität fest und verteidigen sie, wie wenn es das Wichtigste auf der Welt wäre. Diese Art von Fixierung ist vergleichbar der leidvollen Abhängigkeit in der Suchtstruktur: Abhängigkeit von der falschen Sicherheit, die ein rigides Selbstbild bietet, verbunden mit dem Glauben, daß dies eine Möglichkeit sei, der Einschränkung durch Fremdbestimmung zu entkommen. Ironischerweise kann das Selbstbild eines Menschen eine viel größere Einschränkung für das Wachstum des betreffenden darstellen als irgendetwas oder irgendjemand sonst, ganz besonders, wenn dieser Mensch krampfhaft versucht, diesem Selbstbild zu entsprechen.

Im allgemeinen wurzelt dieses wunderbar paradoxe Dilemma in den Prägungen der Kindheit und ihren Favoriten, als da sind Mami und Papi, Bruder und Schwester und andere wohlmeinende (oder nicht) »Lebens-Lehrer«. Ich persönlich habe jedoch festgestellt, daß es nicht allzu vorteilhaft ist, übertrieben viel Zeit darauf zu verwenden, diese alten Konserven voller toter Maden zu öffnen und meine Nase hineinzustecken. Wie Sie selbst feststellen werden, ist mein Ansatz der, zunächst die bleibenden und bemerkenswerten Auswirkungen dieser Beziehungen aufzuzeigen und dann offen zuzugeben, daß die Art, wie wir uns und andere wahrnehmen, viel damit zu tun hat. Letztlich jedoch kann nur die Integration praktischer und handhabbarer Möglichkeiten des Umlernens die ganz reale Möglichkeit liefern, unser grundlegendes Selbstbild neu zu definieren und auf diese Weise erfolgreich unsere destruktiven Beziehungsmuster zu verwandeln.

Auf dem Weg durch die Entwicklungsphasen unseres Lebens, besonders im Schritt von der Pubertät in die Reife, müssen wir lernen, den Unterschied zwischen grundlegenden Bedürfnissen in Beziehungen und unseren oberflächlichen, egoistischen oder geprägten Bedürftigkeiten zu erkennen. Dies spielt eine bedeutsame Rolle, wenn wir ein verantwortungsvoller Partner werden wollen, der in jeder Partnerschaft einen positiven und konstruktiven Beitrag anzubieten hat. Ich lade Sie ein, dieses Buch mit diesem Ziel im Kopf und im Herzen zu lesen.

Es ist möglich, alte Gewohnheiten zu durchbrechen, die Vergangenheit loszulassen und auf diese Weise mit anderen Menschen in Beziehung zu treten und diese mit sich selbst in Beziehung treten zu lassen. Diese Gelegenheit und Herausforderung möchte ich Ihnen in diesem Buch bieten. Ob Sie nun jemand sind, der die Intensität der Intimität tiefer ausloten will oder ob Sie einfach mit Ihren Mitarbeitern besser zurechtkommen wollen - der Erfolg hängt lediglich von ein paar wenigen Dingen ab. Eine Voraussetzung ist, daß Sie ein Mensch sind, der erkannt hat, daß es grundlegend notwendig ist, Liebe zu geben und zu empfangen, und den Wunsch hat, Neigungen zu überwinden, die den Fluß der Liebe beeinträchtigen.

Wenn Sie nicht zu diesen Menschen gehören, dann gehen Sie doch einfach in einen schönen romantischen Film und beklagen sich weiterhin über Ihr Leben. Wenn Sie aber der Meinung sind, daß Sie sehr wohl einer dieser Menschen sind, dann sind Sie herzlich eingeladen, in der folgenden Lektüre einen einfachen und Schritt für Schritt begehbaren Weg zu erfahren, wie Sie an all Ihren Partnerschaften auf erfüllendere Weise teilhaben können.

Teil 1
Der Mond
Die dunkle Seite

KAPITEL 1

Das Geheimnis von Partnerschaft

Im reifen Alter von 19 Jahren befand ich mich in einem ziemlichen Dilemma. Mein Kindheitstraum war wahr geworden. Da war ich - beruflich tat ich das, was ich am meisten liebte, Musikmachen, und bekam dafür genügend Geld, um es tun zu können. Überdies hatte ich soviel Sex, wie ich vertragen konnte, und zog mir gigantische Mengen rein von was auch immer mir das Gefühl geben konnte, die Wirklichkeit, in der ich lebte, sei gut oder einfach phantastisch. Was könnte ein 19jähriger Junge aus New Jersey mehr erwarten... Richtig?

Falsch! An diesem Punkt fingen die Dinge an, sich von einer anderen Seite zu zeigen, von einer dunkleren Seite. Es war, wie wenn ich endlich am Ziel einer langen Reise angekommen wäre. Aber statt darüber in Jubel auszubrechen, sah ich mich um und fragte mich: »Ist das alles?« Meine festen Vorstellungen über das, was ich zu sein glaubte und im Leben zu wollen glaubte, flogen mir einfach um die Ohren. Das Leben wurde hohl und schal. Ich tat so, wie wenn ich lebendig wäre, und Myriaden von »Partnern« marodierten hinter der makellosen Fassade meines Vorstadtlebens. Aber an etwas mangelte es verzweifelt - etwas fehlte offensichtlich. Und dieses etwas war ich. Ich war schon woanders und suchte nach mehr. Die Suche hatte begonnen, und ich war froh darüber.

Wie es scheint, stolperte ich dadurch über etwas ganz Besonderes, daß ich wirklich fast verzweifelte und »ganz unten durch« mußte. Man könnte dies einen Sinn für Demut nennen. Ich wurde mir in mir dessen gewahr, daß ich mich oder mein großes Selbst betreffend wahrscheinlich nichts wußte. Ich hatte das Gefühl, als ob es da eine tiefere Quelle geben müßte, eine größere Weisheit, bedeutendere Lehren, als alles, was ich bis dahin erfahren hatte, etwas, das mir die Geheimnisse des Lebens enthüllen könnte. Sowohl im übertragenen Sinne als auch in der tatsächlichen Wirklichkeit ging ich auf die Knie und bat um einen Lehrer. Eine Reihe von relativ uninteressanten, anscheinend unbedeutenden und unverbundenen Ereignissen machten mich auf die Existenz des lokalen »medialen Chiropraktikers« aufmerksam. Dies klang wenigstens nach Spaß, und so stattete ich ihm einen Besuch ab. Er renkte mich an ein paar Stellen ein (und ließ Knochen knacken, von deren Dasein ich gar nichts wußte), hob die Arme und führte sie über die ganze Länge meines Körpers, schubste meine Füße und starrte sie dann an, wie wenn er darauf warten würde, daß meine Zehen eine mediale Botschaft rüberwackeln würden. Vielleicht taten sie dies auch. Dann sagte er: »Nun, Otto, dir fehlt nicht allzuviel, soweit ich das beurteilen kann.« Dann: »Aber aus welchem Grund bist du eigentlich hierhergekommen?« Ich erklärte ihm, daß es keinen offensichtlichen Grund gab, ausgenommen vielleicht meine Neugier, meine Begeisterung für alles Mysteriöse und die Tatsache, daß ich mich einfach irgendwie angezogen fühlte. Ich begann, Fragen zu stellen über seine Arbeit und worum es sich dabei handelte. Er beantwortete mir meine Fragen so gut wie möglich, wenn man bedenkt, daß mein kritischer Geist Schwierigkeiten hatte, derart irrationale Themen zu verdauen, und gab mir dann ein paar Bücher mit. Wie es das Schicksal so wollte, ging ich ein halbes Jahr lang alle paar Wochen zu ihm, um so bizarre Themen wie metaphysische Theorien oder alternative Heilmethoden mit ihm zu diskutieren. Jedesmal nahm ich ein neues Buch zum Lesen mit. Eines Tages sagte er mir, es sei nun Zeit für mich, seinen Lehrer zu besuchen. Der Name des Mannes war Paul Solomon, und ich möchte kurz über meine Erfahrung mit diesem Mann berichten, wie ich sie erinnere: Paul hatte einen eindrucksvoll gewölbten Bauch, eine ebenso eindrucksvolle graue Mähne und sah etwa zwanzig Jahre älter aus, als er wirklich war. Ein Gerücht besagte, daß dieser Baptistenpfarrer aus welcher auch immer dritten Generation als Freiwilliger während seines Dienstes in der Armee vor Jahren an einem Forschungsprogramm mit psychedelischen Substanzen teilgenommen hatte, wobei er einige seelische Durchbrüche erlebt hatte. Das Militär freilich suchte dabei wahrscheinlich nach einer neuen Waffe, aber Paul war über etwas viel Mächtigeres gestolpert.

Er hatte einen veränderten Bewußtseinszustand entdeckt, in dem er eine viel höhere Ebene des Gewahrseins erlebt hatte als gewöhnlich. Erstaunlicherweise beherrschte er die Fähigkeit, diesen Zustand wiederherzustellen, indem er sich einfach tief entspannte, seinen Körper in eine bestimmte Position brachte, ein paar Affirmationen wiederholte und sich durch die Gegenwart und die verbale Beziehung eines vertrauenswürdigen Assistenten geschützt fühlte. Anscheinend prophetische Weisheit und tiefe Einsicht in Menschen, den Zustand ihrer Gesundheit und ihrer Beziehungen, zukünftige Entwicklungen über die Welt und andere Äußerungen sprudelten von seinen Lippen, während er »außerhalb seines Körpers« war, wie es genannt wurde.

Für mich war noch viel aufregender, daß er fähig war, anderen beizubringen, wie sie seine Technik benutzen konnten, um diesen Bewußtseinszustand zu erreichen. Diese Methode ist verbunden mit seinem Wissen über alte Schriften und Mystik, bildete die Grundlage für die Arbeit oder die »Lehre«, die er »Innerlight Consciousness« (das Bewußtsein vom inneren Licht) nannte. Offenbar war meinem verzweifelten Flehen an den Kosmos um einen Lehrer eine Antwort zuteil geworden. Sowohl er als auch seine Arbeit zogen mich außerordentlich an, und ich fühlte in mir so etwas wie einen unstillbaren Durst, der nur dadurch gestillt werden konnte, daß ich täglich von seiner Weisheit zu mir nahm. Ich gab mein persönliches Leben völlig auf und wurde sein Schüler.

Wenn ich heute auf die sechs oder sieben Monate voller intensiver und schneller Veränderungen zurückschaue, die dann folgten, dann erkenne ich, daß das Erlernen solcher Dinge wie das Umschalten von Bewußtseinskanälen (obwohl auch heute noch nützlich) nicht das Wichtigste war, was ich als Lehre von Paul bekam. Die tiefste Botschaft, der ich vertraue, daß sie mich wie einen Leitstern stets auf meinem Lebensweg führen wird, war die des Dienens.

Wenn jemand den Ruf spürt, in eine Mysterienschule einzutreten (eine Situation, in der man über die manchmal vieldeutige Natur des eigenen Seins belehrt wird) - so wie ich damals -, dann ist es stets Bestandteil der Entwicklung, daß der Lernende auch ein Dienender wird. In meinem Fall wurden nicht nur die Lerninhalte strukturiert, die ich zu erwerben hatte, sondern auch Routinearbeiten und Verantwortlichkeiten aller Art. Das galt natürlich nicht für jene, von denen erwartet wurde, daß ich sie ohne Hinweis wahrnahm. Wie ich schließlich herausfand, ist es das, worum es beim Dienen wirklich geht: über die eigenen Grenzen hinausgehen und Bedürfnisse suchen, finden und erfüllen, von denen ich - und vielleicht auch alle um mich - nicht einmal wußten, daß es sie gibt. Da ich meine Hingabe und Fähigkeit zur Unterordnung bewiesen hatte, war ich bald Pauls persönlicher Diener geworden. In dieser Position bemerkte ich jedoch bald, daß ich aber nicht nur die offensichtlichen Bedürfnisse erfüllte, sondern auch jene, die nicht ganz klar oder rätselhaft waren.

Wie schon viele Menschen, denen ich meine Erfahrungen geschildert habe, könnten auch Sie fragen: »Aber wie kann man einem Menschen dienen? Wolltest du nicht einer höheren Quelle in dir dienen?« Und ich würde wahrscheinlich wie gewöhnlich antworten: Gerade dadurch, daß ich diesem Menschen diente, begann ich, der höchsten Quelle in mir dienen zu lernen. Vordem war mein Interesse, meinen eigenen kleinen selbstbezogenen Wünschen zu dienen, viel zu groß, um meine Aufmerksamkeit auf irgendetwas anderes zu richten. Dies jedoch gab mir die Gelegenheit, bei der ich lernte, meine Aufmerksamkeit auf wesentliche Bedürfnisse jenseits der Perspektive meiner privaten Egoinsel zu richten. Natürlich war der Mann, dem ich diente, lediglich ein Vorwand, eine Ausrede: ein Fokus, der mir einen Grund gab, mein gesamtes Weltbild zu erweitern. In dem Sinne diente mir Paul Solomon weit mehr als ich ihm.

Zur Zeit, das sei an dieser Stelle gesagt, habe ich mich entschieden, meine Familie - meine Frau und meine Kinder - als meine derzeitigen »Lehrer« wahrzunehmen. Im selben Atemzug habe ich mich also entschieden, die Stellung des Dienenden einzunehmen. Nicht etwa als Sklave oder unterwürfiger Feigling, sondern als ein Mensch, der die Entscheidung und die Wahl getroffen hat, seine gegenwärtige Situation bestmöglich zu nutzen, um zu wachsen. In einem seiner Lieder singt Bob Dylan »You've got to serve somebody« (Du mußt jemandem dienen), und ich entscheide mich zu glauben, daß es so ist. Wenn ich nämlich mein Leben und die damit verbundenen alltäglichen Umstände als eine Art

Lehre auffasse, dann knie ich vor dem »Meister« des Lebens. Und der ehrenhafteste Weg, diesem Meister zu dienen, ist der, für seine Lehren offen und lernwillig zu sein.

Das Thema des Dienens rücke ich an dieser Stelle in den Mittelpunkt, um einerseits den Grundakkord für Ihre Abenteuerreise durch das Buch anzustimmen, und andererseits den Ort in mir zu enthüllen, von dem aus es geschrieben wurde. Sie können sich einem ganz neuen Abenteuer öffnen, wenn Sie diesen Ansatz und diese Einstellung in die Arena persönlicher Beziehungen zwischen zwei Menschen einbringen. Nehmen Sie einmal an, Sie wären in Kontakt mit den tieferen Lehren, die Ihnen irgendjemand in Ihrem derzeitigen Beziehungsleben zu bieten hätte. Welches wären die Ergebnisse, wenn Sie in der Lage wären, weit über Ihre gewohnten Grenzen hinauszugehen und Bedürfnisse zu erfüllen, von denen Sie noch nicht einmal wußten, daß sie existierten? Mein Vorschlag ist nicht der, daß Sie Kollegen oder Freunde oder einen Geliebten oder eine Geliebte auf ein Podest stellen und ihn oder sie anbeten, indem Sie deren Lehren und Bedürfnisse über Ihre eigenen stellen. Tatsächlich könnte nämlich genau dies eines Ihrer vordringlichsten Probleme sein. Mir geht es um etwas ganz anderes: Sie können über Ihre vorhersagbaren, gewohnten Bedürfnisse hinausgehen, um etwas zu entdecken, was weit weniger langweilig ist - ihr eigentliches Selbst und damit eine eigentliche Form der Beziehung, die aus der Seele kommt. Können Sie sich vorstellen, einer bestimmten Partnerschaft auf diese Art zu dienen (und sei es, eine begrenzte Zeit lang) und zugleich vor Ihrem eigenen inneren Meister des Lebens zu knien? Das ist alles, worum ich Sie bitte, wenn Sie weiter in diesem Buch lesen.

Machen Sie die Erfahrung, diesem Buch Schritt für Schritt zu folgen, zu einer Handlung des Dienens. Erlauben Sie es sich, daß dieses Buch Ihnen dient, wie mir meine Erfahrung mit Paul Solomon gedient hat: sozusagen als äußerer Fokus, der die Inspiration und die Mittel bietet, über sich hinauszuwachsen. Sie müssen nicht unbedingt einen »mystischen Lehrer« irgendwo auf der Welt finden, aber es ist notwendig, daß Sie die »mystische Lehre« finden, die Ihre Beziehung für Sie bereithält. Das ist dann möglich, wenn Sie bereit sind, Ihre Aufmerksamkeit von der alten

Wahrnehmung dessen abzuziehen, was in der Beziehung oder in den daran Beteiligten vorsichgeht und auf eine neue Wahrnehmung und Identität bezüglich dessen zu richten, wer Sie in dieser Beziehung sind. Jeder Schritt in diesem Buch wird Ihnen dabei helfen, an diesen Punkt zu kommen. Dafür jedoch ist es von Bedeutung, daß Sie jeden Schritt in dem tun, was wir »den Geist des Dienens« nennen wollen. Achten Sie ganz besonders auf die kleinen Details, auch wenn Sie Ihnen vielleicht unwichtig oder trivial erscheinen mögen. Wie so oft wird der Prozeß Ihnen nur dienen, wenn Sie dem Prozeß dienen.

Nun, bis hierher sind Sie mir gefolgt. Und genau wie ich vor dem medialen Chiropraktiker stand, ohne wirklich zu wissen, warum, fragen Sie sich vielleicht auch, warum Sie gerade dieses Buch lesen. Jenseits aller offensichtlichen und rationalen Erklärungen gibt es vielleicht noch einen anderen »Grund«. Vielleicht haben Sie innerlich danach gesucht. Denken Sie darüber einen Augenblick nach. Und seien Sie nicht allzu überrascht, wenn Sie am Ende des in den folgenden Seiten vorgeschlagenen Prozesses herausfinden sollten, daß das Leben eben auf genau diese Weise eine Frage beantworten wollte, auf die Sie eine Antwort brauchten. Gehen Sie ruhig so vor. Ich werde Sie bei jedem Schritt auf dem Weg unterstützen. Und um das in einer persönlicheren Form tun zu können, möchte ich statt des formalen Sie von nun an das ansprechendere Du verwenden.

Vorbereitung

Bevor wir weitermachen, möchte ich, daß du eine Partnerschaft aus deinem gegenwärtigen Leben auswählst, die du durch das ganze Buch hindurch als Spiegel verwendest. Das kann dein Lebensgefährte oder deine Lebensgefährtin sein, ein Geliebter oder eine Geliebte, ein Freund oder eine Freundin, ein Geschäftspartner oder irgendein anderer Mensch, mit dem du deine Verbindung zu klären wünschst und/oder Hindernisse für mehr Erfüllung, Integrität und Intimität beseitigen möchtest. Beschränke deine Wahl nicht notwendigerweise auf Partnerschaften im üblichen, gleichwertigen Sinne, sondern fühle dich frei, jede Beziehung zwischen zwei Menschen einzubeziehen, wie zum Beispiel Lehrer-Schüler, Unternehmer-Angestellter, Eltern-Kind etc. Du mußt dich nicht besonders anstrengen, die »richtige« oder »geeignete« Bezugsperson zu finden, da jede Partnerschaft, die du als begrenzt, unklar oder unerfüllt erlebst, dich höchstwahrscheinlich auf ein paar sehr vertraute eigene Themen bringen wird.

Im ganzen Buch werden wir den von dir gewählten Partner als **»Bezugsperson«** *oder* **»Partner XY«** *bezeichnen.*

Während wir größere Möglichkeiten in der Verwandlung der Art, wie wir in Beziehung treten, erforschen, brauchst du einen Bezugspunkt, der dich mit deiner eigenen gegenwärtigen Erfahrung verknüpft. Ich hoffe wirklich, daß du dir erlaubst, diese Reise zu einer ganz persönlichen Erfahrung werden zu lassen, indem du beständig den Bezug zu der von dir gewählten Beziehung herstellst, statt einfach nur Worte zu lesen und Konzepte zu verstehen. Wenn du deine Wahl einmal getroffen hast, dann bleibe dabei und laß dich nicht von anderen Partnerschaften ablenken. Dann hast du die Möglichkeit, diese zu einem späteren Zeitpunkt mit sehr viel mehr Klarheit, Ehrlichkeit und Humor zu betrachten, wenn du es jetzt wagst, dich mit einer spezifischen Situation zu befassen und direkt in diesen Spiegel zu schauen.

KAPITEL 2

Große Erwartungen

Es ist gar nicht so schwierig, ein Gefühl für das zu bekommen, was die Menschen in deinem Alltag von dir erwarten, wenn du dem auch nur ein kleines bißchen Aufmerksamkeit widmest. Deine eigenen Erwartungen und Forderungen an sie jedoch sind vielleicht weniger klar erkennbar. Wie eine Fliege, wenn du keine Fliegenklatsche hast, entziehen sie sich geschickt dem Zugriff deiner fummelnden Finger, sobald du versuchst, die Antwort auf die Frage zu finden: »Was um alle Welt tue ich hier mit diesen Menschen?«

Wenn du aber ein bißchen ehrlich mit dir selbst bist und diese Gelegenheit wahrnimmst, um dir das anzuschauen, dann wirst du dabei auf tiefwurzelnde und sehr alte Gewohnheiten bezüglich eigener Erwartungen und Bedürftigkeiten stoßen. Diese unbewußten Erwartungen sind der Grund für jede Menge Verwirrung, Zerstörung und Leid, ob sie sich nun auf die Beziehung zu dir selbst oder irgendeinen Partner oder eine Gruppe beziehen. Nehmen wir also die Schaufel und fangen an zu graben.

Frage Nr. 1:
Was erwarte ich zur Zeit am meisten von meiner Bezugsperson?

Du hast eine besondere Partnerschaft gewählt, um im ganzen Buch damit zu arbeiten: die Beziehung mit deiner Bezugsperson. Jetzt ist es an der Zeit, daß du sie greifst und dir einfache Fragen zu stellen beginnst, die zu verständlichen und aufrichtigen Antworten führen. Die oben gestellte Frage betrifft das Thema der Erwartungen. Was erwartest du am meisten von diesem Menschen? Was möchtest du, daß dieser Mensch für dich tut?

28

Was möchtest du, daß dieser Mensch dir gibt? Was glaubst du, daß du von ihm oder ihr verdienst? Während du nun in deiner Vorstellung damit beschäftigt bist, was du vom Partner XY willst - steh auf und hole Papier und Bleistift oder etwas, das du wie ein kleines Arbeitsheft führen kannst (keine Sorge, ich werde hier warten).

Moment... da sitzen einige immer noch da, die lesen einfach. Schau, so kann es nicht funktionieren, wenn du einfach dasitzt und darüber nachdenkst. Dieser Prozeß erfordert deine aktive Teilnahme von Anfang bis zum Ende. Und, ehrlich, wenn du jetzt nicht aufstehst, um Papier und Bleistift zu holen, glaubst du ernsthaft, daß du bereit bist, in deinem Beziehungsleben später wirklich etwas zu ändern? Das nämlich braucht ein bißchen mehr Energie und Einsatz, als es jetzt bedarf, um aufzustehen und Papier und Bleistift zu holen! Tu das, und ich werde hier warten.

* * *

Wunderbar! Also fangen wir an. Nimm dir etwa fünf Minuten Zeit, um über die Frage Nr. 1 nachzudenken. Während dieser Zeit erstelle eine Liste der Erwartungen, Wünsche und Bedürfnisse (kleine, mittlere und große), die du in bezug auf den von dir gewählten Menschen hast. Wie viele Menschen erwartest du vielleicht, daß sich dein Partner auf eine ganz bestimmte Weise mehr um dich kümmert, dir besondere Aufmerksamkeit zollt, sich dir gegenüber auf ganz bestimmte Weise verhält oder dich mit etwas versorgt, von dem du glaubst, es zu brauchen oder zu verdienen. Sei einfach ganz ehrlich! Vergegenwärtige dir, daß es um die größte Erwartung geht. Gut, hör auf zu lesen, nimm deinen Stift ... und wir sehen uns in fünf Minuten!

* * *

Schön, daß du wieder da bist. Schau dir einmal deine Liste an. Lies sie noch einmal durch und dann fühle einmal nach, welcher dieser Punkte (oder Kombinationen) die größte emotionale Ladung hat oder sich einfach am ehrlichsten anfühlt. Wir wollen nämlich deine Antwort auf die gestellte Frage in eine einfache Feststellung fassen. Deshalb ist es unerläßlich, daß du in der Liste enthaltenen Informationen in ein Wort oder einen kurzen Satz faßt. Den schreibst du in großen Buchstaben ans untere Ende deiner Liste und setzt davor die Nummer 1. Beginne deine Feststellung mit den Worten: »Ich erwarte...« und füge die von dir gefundene Antwort hinzu.

Hier ein paar Beispiele, die dich vielleicht in die Gänge bringen. Sie sollen dir nicht etwa »etwas in den Mund legen«, benutze sie also nur als Inspiration - und nicht als Krücke. Die Worte innerhalb der Klammern wären in der eigentlichen Arbeit jeweils durch den tatsächlichen Namen von Partner XY zu ersetzen.

1) **Ich erwarte...**

a) daß (er) mit mir durch dick und dünn geht.

a) daß (sie) mir glaubt und mich achtet.

a) daß (er) meine Gefühle ehrt und akzeptiert.

a) daß (sie) offener ist für den sexuellen Kontakt.

a) daß (sie) mich in meiner Männlichkeit/Weiblichkeit mehr anerkennt.

a) daß (meine Tochter) mich als Vater mehr achtet und mir gehorcht.

a) daß (mein Kollege) mich akzeptiert, wenn ich Fehler mache.

h) (von meinem Chef), daß er meine Fähigkeiten anerkennt und mehr Raum dafür läßt.

i) (von meinem Angestellten), daß er einfach seinen Job macht, und zwar gut.

j) (von ihr) ununterbrochene liebevolle Unterstützung für meine Kreativität.

k) daß (er) mir das Gefühl von Begleitung auf meinem spirituellen Weg gibt.

l) daß (sie) mir mehr freie Zeit für mich selbst gibt.

m) daß (er) für mich sorgt und mich beschützt.

n) daß (sie) mich inspiriert und das Beste in mir fördert.

o) mehr von (seiner) aus dem Herzen kommenden Zuwendung und Zärtlichkeit.

Dialog in der Gruppe

Vielleicht erinnerst du dich, daß ich weiter oben erwähnt habe, die Lektüre dieses Buches sei wie die Teilnahme an einer Gruppe, verstärkt und erhellt durch die Erfahrungen anderer Menschen. Jetzt ist es an der Zeit, etwas von den anderen in deiner imaginären Gruppe zu hören. Stell dir vor, wir sitzen alle im Kreis und du wirst Zeuge eines Dialogs zwischen einem Freiwilligen aus der Gruppe und mir. Höre genau hin, was der Betreffende sagt, und versuche zu erfühlen, was in ihm oder ihr vorgeht, wie wenn sie ihren ganz persönlichen Prozeß mit dir teilen würden. Das vermag dir wertvolle Einsichten, Impulse und Inspirationen beim Klären deiner eigenen Antwort auf die erste Frage zu vermitteln.

(Eingerückte Texte sind Dialoge zwischen einem Teilnehmer (T:) und Otto (O:), beginnend in dieser Reihenfolge und dann entsprechend im Wechsel.)

Wer bin ich?:

T: Was ich von meinem Partner am meisten erwarte, ist Gefühl, Annahme, Spontaneität, Initiative, Phantasie, Zärtlichkeit, Unterstützung und ...

O: Wow! Eine Sekunde bitte. Da du eine ganz schöne Liste von Erwartungen hast, gilt es jetzt, sie herunterzufokussieren auf das, was du am meisten erwartest.

T: (Pause) Ich möchte, daß er mich annimmt.

O: OK. Der nächste Schritt besteht darin, dich zu fragen, wie? In was genau möchtest du angenommen sein?

T: Ich möchte angenommen werden als die, die ich bin.

O: Wer bist du?

T: Ich glaube, ich bin manchmal ein bißchen unstrukturiert und irrational.

O: Meinst du damit, daß er es nicht gerne hat, wenn du launisch bist?

T: Genau. Außerdem kümmert er sich nicht um die Art, wie sich meine Gefühle manchmal äußern.

O: Und wie äußern sich deine Gefühle manchmal?
T: (Pause) Nun, ich bin sehr emotional. Weißt du, ich weine, ich schreie, ich bin dramatisch. Es kommt einfach so aus mir heraus.
O: Was du also am meisten von ihm willst, ist, daß er deine Gefühle nicht nur achtet, sondern auch ihren Ausdruck akzeptiert?
T: Absolut.

Liebe:
T: Soll ich dir ein bißchen was über meine Situation erzählen?
O: Nein, nicht jetzt. Sage uns einfach, was du am meisten von deinem Partner erwartest.
T: Liebe.
O: Das ist so ein wunderbar nichtssagendes Wort, oder nicht? Was ist Liebe?
T: Es ist das intensive Gefühl, daß man einander sehr mag und daß man Zusammensein möchte.
O: Du erwartest, daß er dir das Gefühl von ... was bitte gibt?
T: (Pause) Daß ich es wert bin, mit mir zusammenzusein.
O: Genau. Schreib das auf und mach das zu deiner Antwort.

Schweres Gepäck - lange Reise:
T: Ich erwarte, daß mir mein Mann ein besserer Partner ist.
O: In welcher Form?
T: Daß er sich mehr um mich kümmert und die Beziehung besser nährt, als er es jetzt tut.
O: Darf ich fragen, in welcher Form er die Beziehung derzeit nicht nährt?
T:(Lange Pause) Das ist nicht so einfach zu sagen. Ich halte die Zügel des Pferdes fest in meinen Händen, er

sitzt auf meinem Gepäck und läßt sich von mir durchs Leben tragen.

O: Darf ich fragen, wer ihn da auf das Gepäck gesetzt hat? Ich meine, wie ist es ihm überhaupt gelungen, da hinaufzukommen? Ist er einfach aufgesprungen und hängengeblieben, oder was? (Gelächter)

T: Ich glaube, wir sind beide für diese Situation verantwortlich.

O: Richtig. Aber bist du ganz sicher, daß du willst, daß er da runterspringt? Das könnte nämlich ganz schöne Veränderungen für dich und die Beziehung bedeuten.

T: Ja, ich habe es zu lange getragen, und es wird mir allmählich zu schwer.

O: Wirst du den Riemen am Gepäck lösen?

T: Das ist etwas, das wir zusammen tun sollten.

O: Ich verstehe, daß die Riemen von außen leichter zu erreichen sind als von innen. Aber gleichgültig, wie leicht es für dich sein mag, willst du wirklich, daß er hinausgreift und sich selbst befreit und dir damit die notwendige Anstrengung abnimmt?

T: (Pause) Ich glaube, wenn ich ehrlich bin, dann will ein großer Teil von mir lieber, daß er die Arbeit macht.

O: Und das ist genau der Punkt. Das ist der Teil von dir, um den es jetzt geht. Also, was erwartest du von ihm?

T: Ganz konkret, daß er beispielsweise morgens nicht wartet, bis ich ihn bitte, aufzustehen und zur Arbeit zu gehen. Oft genug muß ich sogar erst ärgerlich werden, bevor er langsam in die Gänge kommt!

O: Du erwartest von ihm also, daß er erwachsen wird, ein großer Junge, um nicht mehr seine Mami sein zu müssen.

T: Genau das ist es.

O: Fein, schreib das auf und sei dir auch bewußt, daß Mami mit ihrer Kontrolle ebenfalls noch nicht ganz bereit ist, ihre Position aufzugeben!

Die größere Perle:
T: Ich erwarte von ihr, daß sie sich der spirituellen Arbeit mehr öffnet und mich in Gruppen begleitet. Sie ist eine sehr verkopfte Frau und kommt oft vom Kopf statt vom Herzen her.
O: Oh, du möchtest, daß sie genauso erleuchtet ist wie du? Ist das nicht etwas viel verlangt? Vielleicht können wir in diesem Punkt etwas genauer werden.
T: Beispielsweise, was diese Gruppe angeht (die Gruppe, die gerade läuft); je näher der Zeitpunkt des Beginns dieser Gruppe rückte, desto mehr Gründe fand sie, mit mir nicht da hinzugehen.
O: OK. Wonach wir wirklich suchen, wenn wir die Frage »was ich von dir erwarte« betrachten - und das ist genau die richtige Stelle, um das herauszubringen und zu definieren - ist, »was ich wirklich von dir will«. Ich will, daß du mir etwas gibst. Wenn ich will, daß du spiritueller bist ... wenn ich will, daß du nicht so kopfig bist ... wenn ich will, daß du mit mir in die Gruppe gehst und dich größeren Möglichkeiten öffnest - dann bekomme ich etwas, wenn du das tust. Da ist eben nicht nur der Teil in mir, der rein und unschuldig ist und alles zum Wohle aller Beteiligten tut. Da ist auch ein Teil in mir, der selbstbezogen davon abhängig ist, etwas zu bekommen. Da gibt es immer eine größere Perle, nach der ich suche. Woraus besteht sie für dich in dieser Situation?
T: Es hat etwas damit zu tun, wie sie die Dinge bewertet, die mir wichtig sind.
O: Ich verstehe. Was du dabei bekommen würdest, ist ein Gefühl der größeren Wertschätzung für dich ihrerseits. Sie würde dich mehr achten, indem sie sich aktiv auf das einläßt, was dir wertvoll ist. Sie würde den Dingen Wert beimessen, denen du Wert beimißt. Schlußendlich erlebst du vielleicht sogar das Gefühl, wertvoller und wichtiger zu sein.
T: Sie sagt, daß sie denkt, was ich tue, sei großartig und ich solle damit weitermachen. Aber dann wieder

kommt sie nicht mit, und das ist wirklich frustrierend.
O: So gibst du also deine Macht ab! Sind nicht du und der Weg, den du gehst, wertvoll genug? Brauchst du wirklich andere, die dir sagen, wie wichtig du bist?

Natürlich freuen wir uns alle über Unterstützung, wenn sie uns angeboten wird. Aber was, wenn nicht? Angesichts der verschiedenen persönlichen Unsicherheiten, von denen wir alle über eine einzigartige Kollektion verfügen, suchen wir ein Heilmittel für das Unbehagen, das in solch einer Situation entsteht, indem wir von anderen verlangen, daß sie diese klaffenden Risse im Fundament unseres Selbstwertgefühls füllen. Wir betteln, stehlen, borgen, löchern, überreden und locken - tun, was immer geht -, um den anderen Menschen dazu zu bringen, uns zu geben, was wir wollen. Auf diese Weise haben wir dann schlußendlich ein anderes Selbstgefühl. Welche Art von Selbstgefühl bekommst du wohl durch das, was du erwartest? Das ist es nämlich, was du unter allem wirklich willst, und das ist auch die tiefere Antwort auf Frage Nr. 1.
Wenn wir nicht gleich direkt nach einer Lösung für dein Dilemma (wenn du eins haben solltest) suchen wollen, so wollen wir doch auf jeden Fall eingestehen, wie unfruchtbar Ergebnisse aus dieser Art von Erwartungen sind. Und es spielt überhaupt keine Rolle, ob das, was du erwartest, falsch oder richtig ist. Es spielt auch keine Rolle, ob das, was du erwartest, etwas ist, was du tatsächlich und grundlegend verdienst oder nicht. Was jedoch eine Rolle spielt, wie du im weiteren Vorgehen noch klarer erkennen wirst, ist, ob du zu sehr versuchst, es zu bekommen. Natürlich macht es Sinn, daß das, was du am meisten erwartest, auch das ist, was du unbewußt jeden Tag zu bekommen versuchst. Und zwar so sehr, daß es zur Gewohnheit wird. Dadurch haben sogar die kleinen Dinge, die du während eines Essens in eurem japanischen Lieblingsrestaurant zu deinem Partner sagst, ohne daß du es weißt, sehr viel mit diesen unbewußten Anhaftungen zu tun. Und du behauptest vielleicht, daß dir das eben grade einfach so eingefallen sei und sagst: »Oh, und übrigens, Liebling, können wir darüber sprechen, warum du nie mit mir zusammen eine Yogastunde be-

suchst?« Es ist unvermeidlich immer das, was du vom anderen auf einer tieferen Ebene willst, was dich in deinen Worten und in deinem Verhalten motiviert. Es ist kein Zufall... Es ist nicht deine Bestimmung... Es ist nicht konstruktiv, und es ist auch nicht ausgesprochen ehrlich. Aber selbst das ist jetzt nicht der Punkt. Vergegenwärtige dir zunächst einmal und anerkenne dann, was es ist, das du so verzweifelt zu bekommen versuchst!

KAPITEL 3

Verdeckte Investitionen

Frage Nr. 2:
Was biete ich meiner Bezugsperson, das mir das Recht gibt zu verlangen, was ich erwarte?

Die obige Frage bringt uns in den Bereich der seelischen Investitionen. Wir wollen dies ähnlich betrachten, wie wir es auch bei einem Aktienkauf tun würden. In jedem von uns gibt es einen kleinen Spieler. Die meisten Menschen jedoch gehen auf Numero sicher und nehmen die blauen Chips, da diese relativ zuverlässig einen kleinen, aber beständigen Gewinn erbringen. Nun, ich hasse es, die Romantiker unter meinen Lesern zu enttäuschen, aber unter dem kerzenbeleuchteten, mit Silber gedeckten Dinnertisch ist die Art, wie Menschen Beziehungen eingehen, davon vielleicht gar nicht so verschieden. Wenn deine Art zu geben nicht immer bedingungslos ist, dann gibt es Dinge, die du gibst, tust oder sagst, von denen du hoffst, etwas dafür zurückzubekommen, vielleicht auf subtile Weise oder aber - viel wahrscheinlicher - in Form von beachtlichen Dividenden. Es ist wichtig, dieses Spiel, das wir spielen, aufzudecken, und die einzigartigen und individuellen Tricks zu enthüllen, die wir wie gezinkte Karten im Ärmel haben. Aus welchem Grund? ... In gewisser Weise ist das eine demütigende Erfahrung, weil sie in große Verlegenheit bringen kann, und ein wenig Demut schadet nie! Aber was noch wichtiger ist, es zeigt ganz deutlich, wie du deinen Partner in verdeckter Form manipulierst und - dich damit zugleich abhängig machst.

Du gibst deine Macht ab, und mit Macht meine ich die Fähigkeit, dir selbst treu zu bleiben. Es ist so leicht, dich in einer Beziehung zu verkaufen, deinen Gefühlen, deinen Intuitionen und deinem tieferen Gefühl für Integrität untreu zu werden. Das jedoch liegt daran, daß das, was du glaubst, so verzweifelt von deinem Partner zu wollen, immer grade fast greifbar erscheint. »Vielleicht bekomme ich das, was ich erwarte, wenn ich mich so oder so verhalte.« Auf lange Sicht ist dies ein erschöpfendes und fruchtloses Abenteuer - und das ist das wenigste, was es darüber zu sagen gibt.

Ich bin sicher, daß du immer noch Papier und Bleistift bereit hast, denn ich möchte deine Aufmerksamkeit nun auf das richten, was du deinem Partner bietest - und womit du unbewußt deine eigenen Erwartungen und Forderungen an ihn rechtfertigst. Für manchen ist dies vielleicht nicht einmal unbewußt, weil er es möglicherweise als klugen Kompromiß definiert. Eine lustige Möglichkeit, sich das durch ein Mikroskop anzuschauen und die Frage so genau wie möglich zu beantworten, ist in jedem Fall die, dich an Streitigkeiten zu erinnern, die du mit diesem Menschen gehabt hast (wenn es in dieser Beziehung überhaupt dergleichen Nachlässigkeiten gibt). Es gibt diese Augenblicke, wo schwere Artillerie aufgefahren wird, und vielleicht etwas unsanft auf das hinweist, was du glaubst, was der Partner zum Besten der Beziehung tun sollte, und das geht dann ungefähr so: »Das ist wirklich das Wenigste, was du für mich tun könntest! Ich meine... Schau nur, was ich alles für dich tue - Ich tue für dich das und dieses...« (Mit eigenen Worten ausfüllen).

Wollen wir so vorsichtig sein anzunehmen, daß nicht alles, was du gibst, einfach dazu da ist, etwas dafür zurückzubekommen. Wollen wir jedoch wetten, daß ein Großteil davon dazugehört - denn du würdest vermutlich nicht fortdauernd auf diese Weise geben, wenn du nie etwas dafür zurückbekämst. Nur Menschen wie Mutter Teresa tun das! Wenn du das fertigbringst, bekommst du automatisch einen Heiligenschein und wirst von der internationalen Presse als Heiliger gewürdigt. Ich persönlich glaube nicht, daß dies die Beziehungsebene ist, über die wir hier sprechen. Damit erhebt sich also die Frage: »Was von all dem, was ich gebe, gebe ich umsonst - und für was erwarte ich eine Gegenleistung?« Es geht darum, die Tatsache zu anerkennen, daß ein Teil dessen, was du dem Partner gibst, nicht umsonst ist, und in der Tat die geistige Rechtfertigung abgibt für das, was du im Gegenzug erwartest.

Stelle nun also eine kleine Liste solcher »verdeckter Investitionen«

(kleine, mittlere und große) zusammen, die du hinsichtlich deiner Bezugsperson getätigt hast. Und sei wiederum unverfroren ehrlich mit dir selbst. Nach ein paar Minuten lies dir deine Liste noch einmal durch und erfühle, welche dieser Punkte (oder Kombinationen) die stärkste emotionale Ladung hat oder sich am ehrlichsten anfühlt. Dann unterstreiche diesen Punkt. Gut, hör nun auf zu lesen... Nimm deinen Stift... Hab eine gute Zeit... und wir sehen uns in fünf Minuten, da ich jetzt rasch etwas zu erledigen habe.
* * *

Hallo, da bist du ja wieder. Schau dir deine Liste an. Wie du es schon einmal getan hast, fasse die Informationen in deiner Liste in ein Wort oder in einen kurzen Satz und formuliere die Antwort auf die Frage als eine einfache Feststellung. Diese schreibst du in grossen Buchstaben an das untere Ende deiner Liste und setzt davor die Nummer zwei. Beginne die Feststellung mit den Worten: »Ich biete...« und füge dann deine Antwort dazu.

Hier ein paar Beispiele anderer Antworten. Und denke daran, die Worte innerhalb der Klammern würden normalerweise durch den Namen XY ersetzt.

2) Ich biete:
a) (ihm/ihr) meine Liebe, mein Verständnis und meine Hingabe.
a) (ihm) mein dienendes Wesen, indem ich ihn auf einen Sockel stelle und idealisiere.
a) (ihr) finanzielle Sicherheit und Schutz.
a) (ihm) das Gefühl, daß er tun kann, was er will und frei ist.
a) (ihr) das Gefühl, daß ich sie brauche.
a) (meinem Kollegen)
aggressives Konkurrenzverhalten als Inspiration.
g) (meinem Boss) meine Unterwürfigkeit und mein Wohlverhalten im Job.
h) (meinem Angestellten) einen sicheren Job und anständige Bezahlung.
i) (meiner Tochter) alles, was sie will.

j) (meiner Frau) einen Ehemann, der daran arbeitet, seine destruktiven Muster zu verwandeln.

k) (ihm) meinen Körper, meine Sexualität, meine Lust.

l) (ihr) die Gelegenheit, einen Mann wie mich zu verführen.

Dialog in der Gruppe

Was soll's?

T: Ich schenke meinem Partner meine ganze Hingabe.

O: Oh ja: »Ich bin ganz für dich da!«

T: Nicht nur für »dich«, sondern auch für einige grundlegende Dinge in der Beziehung.

O: Meinst du damit nicht, daß er der einzige Mann in deinem Leben ist?

T: Das ist nicht notwendigerweise wahr.

O: Nun, was meinst du dann mit »ganzer Hingabe«?

T: Hingabe hat nichts mit der Zahl der Männer zu tun, sondern mit der Tatsache, daß die Beziehung für mich wichtig ist und mir Sicherheit gibt. Es geht um die Feststellung: Ich bin zweifelsfrei dein Partner.

O: Und du sagst das zu all den Jungs, oder nicht? (Gelächter)

T: Ja, ich meine... du weißt schon, in guten wie in schlechten Zeiten zusammenzubleiben.

O: Einmal mehr geht es nicht darum zu beurteilen, ob das, was du gibst, richtig oder falsch ist. Aber verstehen wir uns darin richtig, daß ein Teil von dem, was du gibst, nicht sauber ist, obwohl es so aussehen mag. Ganz im Gegenteil. Dies ist manipulativ, dient der eigenen Befriedigung und ist zugleich eine Hintertür. Ansonsten könnten wir die Medien informieren, daß eine neue Heilige mitten unter uns weilt. Das vom freien Willen gesteuerte bedingungslose Geben ist das gerade nicht. Es sieht hübsch aus und ist für ein Weilchen ein tolles Ding, aber schlußendlich wird es zu einer der destruktiven Kräfte im Zusammenbruch der Partnerschaft.

T: Heißt das, »was soll's« funktioniert nicht? (Weil es im Grunde ein Deal ist?)

O: Ja, genau. Und hier untersuchen wir nur, was es soll - das ist alles. Es gibt einen Handel zwischen zwei Partnern: Du tust das, und ich tue das. Das kann stagnieren und rigide werden. Dann kündigt einer ganz plötzlich seine Seite des Vertrages. Weil einer eben den Eindruck hat, daß das Ganze steckenbleibt, wenn daran festgehalten wird. Da fängt die Geschichte an zu stinken, und das Spiel, das dann kommt, kann das Ganze zu einer üblen Schweinerei (Schlammschlacht) machen, die beide bedauern.

Die Retterin:

T: Ich möchte, daß sie an mich glaubt, und das gibt mir den Glauben an mich selbst.

O: Das ist es, was du von dir erwartest. Und was bietest du?

T: Das werde ich dir sagen. Ich gehe immer zwei Schritte hinter ihr. Mir anderen Worten, wenn jemand Attraktives vorbeikommt, männlich oder weiblich, und in unsere Richtung schaut, denke ich automatisch, daß der Blick ihr gilt und nicht mir.

O: OK. Nun versuche einmal, das in Worte zu fassen, die sagen, was du ihr bietest.

T: Ich spiele immer die zweite Geige und überlasse ihr die erste Wahl in allen Dingen.

O: Noch ein bißchen konkreter, wenn ich bitten darf, und schau dir einmal ganz ehrlich die Position an, die du einnimmst, und die Position, die du ihr gibst. Was tust du?

T: Ich idealisiere sie. Ich stelle sie auf ein Podest und verehre sie.

O: Richtig. Und wenn du das nicht tätest, wer wäre dann deine Retterin? Wer würde dich dann hochhalten und nähren und den Glauben an dich selbst geben? Eines Tages - wirst du das tun. Laß uns das weiter anschauen.

Die Gefängniswärterin:
T: In meiner gegenwärtigen Beziehung tue ich ebenso wie bei meinen verflossenen sehr viel, um sicherzustellen, daß er sich wirklich sicher fühlt. Ich präsentiere mich stets als absolut zuverlässig, und das ist eine große Investition meinerseits.
O: Das ist aber nett. Es muß dir ja viel Befriedigung verschaffen zu wissen, daß du ihm ein so starkes Gefühl des Schutzes vermitteln kannst (Gelächter). Ich frage mich nur, wovor du ihn da draußen in der kalten Welt schützt.
T: Das stimmt, wenn ich es so betrachte, wie du vorschlägst, dann ist es wohl wahr, daß ich ihn wahrscheinlich einkerkere und nicht etwa die Geier fernhalte - und damit viel eher mich selbst schütze als ihn.

Ein vernünftiger Mann:
T: Meine größte Erwartung gegenüber meiner Frau ist die, daß sie mir mehr freie Zeit für mich selbst gibt. Und ich habe ein paar Vorstellungen von dem, was ich ihr bieten könnte. Da gibt es vier Punkte:
1) finanzielle Sicherheit,
1) meine verbleibende Zeit, abgesehen von meiner Arbeitszeit,
1) die Hoffnung, daß ich nach meiner Pensionierung mehr davon haben werde und
1) (obwohl ich mir nicht sicher bin, wie ich das umsetzen werde) ihr das Gefühl geben, daß ich sie brauche - aber nicht nur als Putzfrau.
O: Was? Du brauchst sie auch als Köchin? Das ist interessant, denn Inhalt der Frage Nr. 2 ist »Was ich biete« und du hast deiner Liste hinzugefügt: »Was ich ger

ne bieten würde«. Die Rationalisierung und Rechtfertigung läuft also etwa so: »Nun, Liebling, alles was ich will, ist alle freie Zeit der Welt. Und, zum Teufel, schau doch, was ich dir biete. Ich biete dir die Hoffnung, daß ich nach meiner Pensionierung mehr für dich da sein werde. Was willst du mehr?«

Und so betrachtet wird das Ganze immer lustiger, und genau das ist meine Hoffnung. Wollen wir doch Spaß haben an dem, was an der Natur der menschlichen Seele lächerlich ist. Betrachten wir die Situation mit Humor. Es ist einfach absurd. Wenn wir uns aber in der Ernsthaftigkeit verfangen, und beginnen uns selbst zu bestrafen, dann zieht es uns in einer großen Spirale ganz schnell hinunter in Depressionen, Verzweiflung und Hoffnungslosigkeit. Also wollen wir uns damit nicht herumschlagen. Viel besser ist es, direkt in den Spiegel zu schauen und sich mit dem auseinanderzusetzen, was du da siehst, ob du es nun magst oder nicht, zu sehen, wie absurd die Situation ist, und zu lernen, darüber zu lachen. Das genau ist es, worin wir alle ein wenig mehr Unterstützung von anderen gebrauchen können.

Ihr Geheimnis:
T: Ich gebe ihm mich, mich selbst.
O: Das klingt ein bißchen vage. Was meinst du?
T: Ich meine damit, daß ich in meinem Verständnis nicht irgendetwas Besonderes in die Beziehung gebe.
O: Bist du nichts Besonderes?
T: Das verwirrt mich jetzt ein bißchen.
O: Das ist OK. Wir wollen jedoch unsere Aufmerksamkeit auf die erste Frage richten. Was erwartest du am meisten von ihm?
T: Daß die Beziehung so bleibt, wie sie ist.
O: Was erwartest du von ihm?
T: Daß er mich nicht verläßt, sondern bei mir bleibt durch dick und dünn.
O: Und was gibst du ihm dafür? Warum, um alles in

der Welt... warum, um Himmelswillen sollte dieser Mann - ein Mann von seiner Statur - bei dir bleiben? Warum würde er das tun? Was bekommt er bei diesem Handel? Du mußt diesen Punkt begreifen, sonst kannst du nicht wirklich weitermachen. Du hast gehört, daß wir alle einen Mann in uns und eine Frau in uns haben - das hier aber ist der innere Schleimerheimer. Es ist der psychische Aspekt in dir, in den sich deine schleimige Unehrlichkeit zu Hause fühlt. Und der Punkt »was« du gibst, ist nicht so wichtig wie deine Ehrlichkeit, den inneren Schleimerheimer anzunehmen. Anzunehmen und anzuerkennen, daß dies ein Teil ist von dem, was du tust. Und daß dabei eine negative Selbstbeurteilung völlig unnötig ist.

T: Ich bin mir dessen bewußt, daß ich viel in dieser Beziehung bekomme, aber nicht dessen, daß ich irgendetwas tun muß, um es zu bekommen.

O: Da bin ich sicher. Und es gefällt dir so, richtig? Wie sorgst du dafür, daß es so bleibt?

T: Nun, das macht mich verlegen, das ist mein Geheimnis!

O: Spuck's aus. Dieser Zeitpunkt ist so gut dafür wie jeder andere. Im übrigen lechzen die anderen Frauen in der Gruppe hier danach, dein Geheimnis zu erfahren (Gelächter).

T: (lange Pause) Was ich zu geben versuche ist, daß er so viel Freiheit hat, daß er tun kann, was er will und sich entwickeln kann.

O: Damit er sich nicht in der Falle fühlt und dich verlassen muß. Ist es das, was du meinst?

T: Da mögen wir allerdings auf etwas gekommen sein.

O: Wenn du es ehrlich betrachtest, dann ist es genau das, was unten drunter vor sich geht. Das muß es sein. Du willst, daß er bei dir bleibt, und du tust so ziemlich alles dafür, daß das auch sicher ist. Vielleicht würdest du dafür einmal einen Teil deiner Seele verkaufen. Kein Grund, sich schlecht zu fühlen, denn das ist etwas, was wir alle bis zu einem bestimmten Grad tun. Es ist.

ein Teil des Lernprozesses in der menschlichen Entwicklung. Wir machen Fehler, und es ist ein Muß, daß wir uns dieser Fehler bewußt werden, damit wir aus ihnen lernen können, statt sie zu wiederholen. Also wollen wir uns doch die Wahrheit aneignen, auch wenn wir uns zunächst schämen, sie zuzugeben. Ansonsten zweifle ich daran, daß wir uns jenseits dieses Punktes in irgendeine Dimension größerer Integrität entwickeln können, in der Art, wie wir die Beziehung leben.

Der vollkommene Vater:
T: Ich wähle meine Beziehung zu meiner Tochter. Als Vater tue ich für sie alles. Sie bekommt so ziemlich alles, was sie will, und ganz sicher alles, was sie braucht. Aber unser Tag endet für gewöhnlich in einer Art von Atombombenexplosion meinerseits, und zwar geht es da um Kleinigkeiten wie zum Beispiel, sie zum Zähneputzen zu bringen oder rechtzeitig zu Bett zu ge- hen - dann gibt es Probleme. Ich verliere einfach die Geduld. Du weißt schon, nachdem sie das Eis bekommen hat, was sie wollte, eine Menge Spielzeug und all das - denke ich, daß sie mir folgen sollte.

O: Das ist ein typischer Schleimerheimer. Und wer von euch Kinder hat, hat vielleicht ähnliche Erfahrungen. Es gibt einen Teil in wahrscheinlich allen Eltern, der das Kind verwöhnt und dabei so etwas denkt wie: »Ich liebe dieses Kind, und ich bin so dankbar dafür, daß es am Leben ist, daß ich der bestmögliche Vater oder die bestmögliche Mutter sein will« Doch beim Versuch, so gut zu sein, besser als je ein Elternteil zuvor (was gewöhnlich bedeutet: besser als unsere eigenen Eltern) beinhaltet häufig den Versuch, sich auf die Seite des Kindes zu schlagen (was gewöhnlich bedeutet: das zu tun, was du dir wünschst, das deine Eltern für dich getan hätten). Und genau dadurch kannst du in die denkbar schlechteste Elternrolle geraten, weil du dem

Kind Doppelbotschaften gibst, und nicht in der Lage bist, zwischen dem Nötigen und dem Angemessenen Grenzen zu ziehen - Grenzen, die ein »Nein« ebenso möglich machen wie das häufige »Ja«. Das bedeutet, klar zu sein, ohne deshalb notwendigerweise hart oder aggressiv zu sein. Kinder brauchen nicht nur klare energische Richtlinien, sondern sie haben auch eine höchst anstrengende Art, dich dazu zu bringen, sie anzutreiben, und zwar immer dann, wenn du dich am wenigsten danach fühlst. Vielleicht hat das etwas mit deiner Situation zu tun.

T: Für gewöhnlich liegt meine Fähigkeit, klare Grenzen zu ziehen, ohne doppelte Botschaften zu geben, in bezug auf meine Tochter ungefähr bei der 50%-Marke!

O: Das bedeutet, daß etwa in der Hälfte der Zeit, die du mit ihr verbringst, ein Schleimerheimer an ihrer Seite ist. Das ist widerlich! (Gelächter) Wie war das noch?

T: Ich erwarte, daß sie mir folgt, weil ich ihr Eis kaufe!

O: Ja, aber du kannst noch ein wenig tiefer gehen. Du mußt verstehen, daß es in bezug auf die Grundfrage keine Konsequenzen hat, von einem Kind Gehorsam zu verlangen gegen jemanden, der ihm immer alles gibt, was es will. Finde heraus, was du willst, das sie dir gibt, indem sie dir gehorcht.

Ein einsamer Mann:

T: Ich bin mir nicht einmal dessen sicher, was ich will, geschweige denn dessen, was ich biete oder gebe.

O: Max, ich denke, es wäre eine gute Idee, wenn du dein Augenmerk auf deine Beziehung zu Frauen im allgemeinen richten würdest. Üblicherweise schlage ich vor, sehr viel konkreter zu sein, aber unter den gegebenen Umständen ist das deine einzige Möglichkeit. Mir scheint, daß du einen gewissen Widerstand dagegen hast, herauszufinden, was wirklich in der Beziehung zu einer ganz bestimmten Frau vor sich geht, und..............

das ist dein Privileg. Dennoch möchte ich dir einen Weg ebnen, auf dem du mit uns (der Gruppe) weitergehen kannst, obschon du dagegen einen Widerstand hast. Dann, denke ich, wirst du hier beginnen mit ein paar ganz klaren Punkten, an denen du arbeiten kannst. Die erste Frage ist daher: »Was erwartest du von Frauen im allgemeinen am meisten?« Das ist zwar

ein bißchen vage, aber wenn du dabei ehrlich bist, dann wird es vielleicht klarer.

T: Das macht Spaß!

O: Stelle eine vage Frage, und du bekommst eine vage Antwort. Laß uns etwas tiefer gehen. Was erwartest du von Frauen im allgemeinen am meisten?

T: (lange Pause) Ich wünsche mir, daß ich Frauen frei und ohne Hemmungen begegnen kann.

O: OK, von welchen Hemmungen sprichst du?

T: Ich habe nur Angst, nicht angenommen zu werden.

O: Was ich darin höre, ist, was du von Frauen im allgemeinen möchtest, daß sie dich annehmen.

T: Ja, das ist richtig.

O: Das könnte sogar noch konkreter werden. Worin genau möchtest du mehr angenommen werden?

T: Darin, daß ich ein Mann bin.

O: Übrigens, was ist ein Mann? Ich habe mir gedacht, ich meine, ich weiß es selbst nicht so recht und frage mich deshalb, was du darüber denkst. (Pause) Um es noch deutlicher zu machen: Worin möchtest du in deiner Männlichkeit von Frauen mehr angenommen werden?

T: Darin, daß sie mit mir tanzt und mit mir ins Bett geht!

O: Das Wort »sie« ist definitiv konkreter. Möchtest du, daß sie, die Frauen, sie die Frau, sie, diese Frau, den ersten Schritt macht?

T: Gewiß, ich bin gerne passiv.

O: Das wird ja richtig spannend. Du erwartest von ihnen, daß sie deine Sexualität annehmen, aber du möchtest auch, daß sie dich verführen. Du möchtest, daß sie den ersten Schritt machen. Du möchtest, daß sie aus dem Unterholz hervorbrechen und sagen: »Oh Max, was für ein Mann, ich will dich!« Laß uns das soweit klarbekommen. Da ist jemand in dir, der von den Frauen irgendwie erwartet, daß sie auf dich zugehen und eine intimere Beziehung zu deiner heiligen Männlichkeit herstellen, während du einfach passiv herumstehst und ganz dein weibliches Selbst bist. Das bringt uns zu Frage Nr. 2: Was bietest du den Frauen dieser Welt in der Hoffnung, daß sie deine Erwartungen erfüllen mögen?

T: Ich halte mich oft zurück und ziehe mich zurück aus Angst, zurückgewiesen zu werden.

O: Was bietest du Frauen - in einem Wort oder einem Satz?

T: Nun, ich denke ... schlußendlich ... nichts!

O: Richtig. Gut. Ein wunderbares Bild: »Ich erwarte von den Frauen, daß sie aus dem Nichts kommen und mich anbeten, und ich biete ihnen ... nichts! Sie verdienen ... nichts. Sie sind in der Tat nichts. Sie sollten mich auf Knien um Sex anflehen.«

Das klingt ein bißchen verrückt, oder nicht? Ein bißchen neurotisch. Aber wenn wir es ehrlich betrachten, tut jeder Mann und jede Frau jeder auf seine Art in unterschiedlicher Ausprägung ähnliches. Und es ist ein Teil des Menschseins in einer Kultur, die Kraft oder Macht mit Beherrschen gleichsetzt. Es macht keinen Sinn. Die Erwartungen stehen in keinem Verhältnis zur Wirklichkeit, geschweige denn zu den menschlichen Möglichkeiten. Der wichtige Punkt ist der, daß wir mit der Tatsache umgehen und sie akzeptieren müssen, daß unsere Erwartungen gegenüber unseren Partnern als...

(Ah, die Magie des Augenblicks. Meine Frau kommt gerade in mein Arbeitszimmer, bevor ich die Möglichkeit habe, den Satz zu beenden. Also werde ich das dem geschätzten Leser oder der geschätzten Leserin überlassen. Sie hat ein paar Dinge mit mir zu besprechen. Während wir reden, sehe ich, daß sie auf den Bildschirm meines Computers schaut. Schließlich fragt sie mich, warum ich jetzt grade an diesem speziellen Thema arbeite angesichts der Tatsache, daß meine Sammlung von mitgeschnittenen Protokollen aus den Seminaren noch nicht vollständig sei. Ich bekomme das Gefühl, daß ein Teil von ihr meine Energie für dieses Projekt sabotieren möchte. Nicht etwa aufgrund dessen, was sie sagt, sondern aufgrund der Art, wie sie es sagt (wie wenn es im Augenblick bessere und wichtigere Dinge für mich zu tun gäbe). Jedenfalls werde ich ein wenig ärgerlich und gebe dem auch Ausdruck. Ich fühle mich jetzt besser und doch, in aller Ehrlichkeit, muß ich mich fragen, was erwarte ich von ihr in der Situation, da ich dieses Buch schreibe? Meine Antwort: ununterbrochene liebevolle Unterstützung für meine Kreativität. Was gebe ich ihr, was sanktioniert meine Erwartung? Meine Antwort: einen Ehemann, der daran arbeitet, seine destruktiven Muster zu verwandeln, und die Hälfte der Tantiemen aus dem Buch. Bin ich nicht wunderbar?)

Wie ich schon sagte... Was sagte ich? Ah, ja. Etwas über Annahme. Annahme der Tatsache, daß wir wirklich an dieser Art kindischem Machtspiel teilnehmen und zugleich der Wahrheit ins Auge sehen müssen, daß es nicht funktioniert. Das ist das erste. Also atme nochmal tief durch und entspanne dich trotz der Tatsache, daß es genau das ist, was du tust. Tatsächlich bist du ganz banal. Mit anderen Worten: Wenn du das nicht tun würdest, dann wärest du wahrscheinlich ein Außerirdischer. Es ist fast ein Teil des Menschseins und entspricht vor allem der Weise, wie unsere Psyche arbeitet. Während wir groß wurden, mußten wir unsere Welt und Wirklichkeit irgendwie organisieren - Wege finden, uns zu verteidigen, das zu bekommen, was wir wollten, und einfach in unserer Umgebung zu überleben. Unglücklicherweise ist jedoch das, was einst eine Überlebensstrategie war, die dann eingesetzt wurde, wenn es nötig war, heute im Erwachsenenalter zu einem gewohnheitsmäßigen Muster geworden, mit dem wir uns identifizieren. Heute setzen wir es meistens aus dem Wunsch heraus ein, einfach ein Selbstbild aufrechtzuerhalten. Wir haben tatsächlich zu glauben begonnen, daß dieses archaische Reaktionsmuster das ist, »was ich bin«.

Wenn du denkst, daß du die Art von Mensch bist, der dies oder das braucht - woher glaubst du, kommt dieser Glaubenssatz? Vielleicht ertappst du dich dabei zu denken, daß du das Opfer deines Partners oder deiner Partnerin bist, weil er oder sie dir nicht das gibt, was du zu brauchen oder zu verdienen glaubst. Woher kommt die Vorstellung, daß du genau das brauchst oder verdienst? Hat sie nicht doch etwas mit deiner persönlichen Erfahrung zu tun? Und hat die nicht eine Menge mit deiner Vergangenheit zu tun? Und hat deine Vergangenheit ihre Wurzeln nicht in deiner Kindheit und deiner Beziehung mit den Menschen in deiner damaligen Umgebung? Das, worüber wir hier also sprechen, ist die Welt, in der du mit Mutter und Vater und deiner Familie gelebt hast.

KAPITEL 4

Die Schatten von Mutter und Vater

Obwohl das Thema Eltern gewiß nicht neu ist, wird es hilfreich sein, es in diesem Kontext bis zu einem gewissen Grad zu klären. Im allgemeinen hat das, was du von deinen Partnern in deinem Erwachsenenleben erwartest, viel mit dem zu tun, was du von Mami und Papi bekommen oder nicht bekommen hast. Ganz besonders gilt das für die archetypische Suche nach dem »idealen Partner«. Wenn beispielsweise Mami dich hinten und vorne verwöhnt hat, dann glaubst du wahrscheinlich, daß es nur natürlich ist, daß andere das auch tun. Dies ist bei Männern in der westlichen Kultur ein verbreitetes Szenario, aber gewiß nicht ausschließlich bei Männern. Der Haken ist der, daß du aufgrund deiner Kindheit mit dieser Art von Mutter wahrscheinlich stets Menschen anziehst, die ihren Platz einnehmen. Aus diesem Grund bist du (zumindest weitgehend) nicht nur nicht bereit, für dich selbst zu sorgen, sondern in gewissen Aspekten auch nicht fähig dazu! In diesem Fall besteht die einfachste und verbreitetste »Lösung« des Problems darin zu versuchen, einen Partner oder eine Partnerin zu finden, der oder die Mutters Stelle einnimmt und dich bis zum Geht-nicht-mehr verhätschelt. Natürlich kann das niemand so gut wie Mutter. Niemand hat dieses gewisse Etwas, das sie hatte. Was also ist die zweitbeste Lösung? Der Versuch, den Partner oder die Partnerin in Mami zu verwandeln. Oder du bist vielleicht einer von den Rebellen, die sich aus Mutters Würgegriff befreien und endlos in die wildesten Abenteuer geraten, während sie sich verzweifelt beweisen wollen, daß sie auf gar keinen Fall »Mamis kleiner Junge« sind. In diesem Falle lädst du wahrscheinlich bis in deine intimsten Ecken und Winkeln Charaktere ein, deren Energie derjenigen von Godzilla vergleichbar ist. Und wenn sie dir dann nicht hart genug in die Fresse hauen und die Zähne nicht heftig genug blecken, dann denkst du vielleicht, daß sie doch zu sehr deiner Mami ähneln und versuchst wieder, jemanden zu dem zu machen, das er oder sie nicht ist. Es ist keine einfache Aufgabe, einen Partner in diesem Punkt dazu zu bringen, daß er oder sie deine Erwartungen erfüllt! Tatsächlich vergeudest du dabei definitiv deine Zeit, deine Energie - und dein Leben.

Ein anderer hypothetischer Fall (in der westlichen Kultur ganz typisch für Frauen, aber nicht ausschließlich für Frauen) ist der mit einem besonders autoritären und dominanten Vater. Nehmen wir an, du hast von deinem Vater viel bekommen, und zwar Schläge sowohl der köperlichen als auch der seelischen Art. Nehmen wir aber auch an, daß er dir im allgemeinen das Gefühl von Fürsorge und Schutz gegeben hat. Ist es da nicht klar, daß du durchs Leben gehst und dabei unbewußt irgendwie Liebe und Gewalt miteinander verbindest? Wenn du dann aber nicht von einem Partner beherrscht und mißbraucht wirst, dann hast du womöglich das Gefühl, du bekommst nicht, was du verdienst. Welches ist die schnelle Lösung? Sorge dafür, daß dein Partner dich mißbraucht. Die beste Möglichkeit, deinen Partner dazu zu bringen, ist die, daß du ihn oder sie mißbrauchst.

Nun magst du vielleicht einwenden: »Moment, das stimmt nicht! Papi wurde erst dann gewalttätig, als ich begann, eine eigene Meinung zu haben und das durchzusetzen, was ich wollte. Mein Partner jedoch mag es zufällig wirklich gerne, wenn ich mich durchsetze und meine Meinung sage. Jetzt, wo ich darüber spreche, stelle ich fest, daß er mir sogar am liebsten die ganze Nacht zuhören würde, da er nie seine Meinung sagt. Manchmal macht mich das verrückt!« In diesem Falle bist du vielleicht einer von denen, die auf die andere Seite der Stadt gezogen sind und sich einen netten Feigling gesucht haben, um zu vermeiden, daß es so wird wie mit Papi. Und die Chancen sind groß, daß du dich dabei ertappst, dafür sorgen zu wollen, daß das so bleibt, wenn er auf dich auch nur im Entferntesten durch sein Verhalten an jene Tage der Gewalt erinnern sollte.

Die angeführten Beispiele sind nur einige von tausend Möglichkeiten, wo die Wurzeln eines tiefgreifenden Musters der Erwartung liegen können und wie diese Wurzeln sich in dein erwachsenes Leben ausdehnen und verzweigen können, indem sie dich blind und fordernd machen. Das unglückselige Resultat eines solchen Szenarios ist die unbewußte Tendenz zu erwarten, daß dein Partner oder deine Partnerin genau wie Mami und Papi sein möge - oder das genaue Gegenteil.

Mami, Papi und meine größte Erwartung

Ich möchte dich nun auffordern, unter den gerade erwähnten Aspekten einen Blick auf deine eigene Kindheit und die Beziehung zu werfen, die du zu deinen Eltern hattest. Dann schau dir noch einmal die Antwort auf Frage Nr. 1 an, die du schon aufgeschrieben hast. Gehe vergleichend zwischen diesen beiden Punkten hin und her und halte einmal deine gegenwärtige größte Erwartung (gegenüber deiner Bezugsperson) gegen die Erinnerung dessen, was du von Mami, Papi und/oder Ersatzeltern bis in deine Pubertät hinein bekommen hast. Höre also jetzt auf zu lesen... ziehe deine Vergleiche... und wir sehen uns in ein paar Minuten wieder.
* * *

Gut. Aufgrund der Vergleiche der Vergangenheit mit der Gegenwart siehst du wahrscheinlich einen deutlichen Bezug zwischen beiden? Notiere jetzt neben deiner Antwort auf die Frage Nr. 1, welcher Elternteil diesem Bezug am meisten entspricht, sei es in der Ähnlichkeit oder im Gegenteil. Nehmen wir beispielsweise an, deine Antwort auf Frage Nr. 1 war: »Ich erwarte, daß mein Chef mich anerkennt und meinen Fähigkeiten mehr Raum läßt.« Wenn du das näher anschaust, dann erkennst du vielleicht, daß dich das eher an ein Thema mit deiner Mutter erinnert, da sie den Dingen, die du tatest, oder den Talenten, die du hast, kaum je Wertschätzung oder Anerkennung entgegengebracht hat. In diesem Falle würdest du unter deine Antwort auf Frage Nr. 1 schreiben: »Mutter«.

1) »Ich erwarte von ihm (meinem Chef), daß er mich anerkennt und meinen Fähigkeiten mehr Raum läßt.« - Mutter

Mami, Papi und meine verdeckte Investition

Nun möchte ich dich auffordern, diese Prozedur noch einmal zu wiederholen, dieses Mal jedoch in der Arbeit mit deiner Antwort auf Frage Nr. 2. Betrachte einmal vergleichend deine »verdeckte Investition« (hinsichtlich deiner Bezugsperson) und deine Kindheitserinnerung an die Beziehung zu deinen Eltern. Fahre ruhig damit fort... ich werde warten.

* * *

OK. Notiere nun, auf welchen Elternteil dieser Bezug am ehesten zutrifft, sei es nun in der Ähnlichkeit oder im Gegenteil. Notiere das neben oder unter der Antwort auf Frage Nr. 2. Wenn wir im Kontext des vorangegangenen Beispiels bleiben wollen, dann nehmen wir einmal an, daß deine Antwort auf die Frage Nr. 2 war: »Ich biete meinem Chef meine Unterwürfigkeit und mein Wohlverhalten in der Arbeit.« Nehmen wir weiter an, du erkennst, daß diese Feststellung wie etwas klingt, das dein liebenswerter Vater gesagt haben könnte, was dich daran erinnert, daß er sich nicht gegen deine Mutter durchsetzen konnte, dann notierst du in diesem Fall: »Vater«.

2) »Ich biete meinem Chef meine Unterwürfigkeit und mein Wohlverhalten in der Arbeit.« - Vater

Dialog in der Gruppe

Eine zurückgewiesene Frau:
T: Die Beziehung, mit der ich arbeiten möchte, ist eine, die vor kurzem zu Ende gegangen ist, weshalb ich ihn meinen Ex-Freund nennen möchte. Es war eine sehr tiefe Beziehung. Mein Wunsch war, daß er in der Beziehung bleiben würde, selbst wenn ich diesen oder jenen Weg gehen würde.
O: Welches ist »dieser oder jener Weg«?
T: Wenn ich mich beispielsweise in einer bestimmten Form verhalte.

O: Wie verhalte?

T: Wenn ich mich als Erwachsener wie ein Kind verhalte, das ich in der Kindheit gerne gewesen wäre, aber nicht war - und dann in diesem Moment in Ruhe gelassen werden möchte.

O: Hat das, worüber du sprichst, damit zu tun, daß du deine Schwäche zeigst und dafür zurückgewiesen wirst?

T: Nicht nur Schwäche... (Pause) ... Auch, wenn ich wütend bin.

O: Du möchtest also in deinen Gefühlen angenommen werden. Besonders in deinen ärgerlichen, wütenden Gefühlen?

T: Ja, Ärger und Eifersucht und all das negative Zeug, das hochkommt.

O: Du erwartest, selbst deinen großen, dunklen Schatten zum Ausdruck bringen zu können und dennoch immer geliebt zu werden.

T: Genau das ist es. Und es ist wirklich seltsam, da es sich im Augenblick so anfühlt, wie wenn mein Vater drohend über mir steht, wie wenn er darauf warten würde, mich dafür zu ohrfeigen, daß ich meine Wut gezeigt habe!

O: OK, das bedeutet, wir sind auf der richtigen Spur. Atme einmal tief durch. Und was hast du deinem Freund gegeben, das dir das Gefühl gibt, du würdest diese Art der Annahme verdienen?

T: Ich habe ihm Verständnis gegeben. Ich habe ihm Liebe gegeben. Ich habe das Gefühl, daß ich eine reife
Frau bin, die jemand endlich wirklich lieben kann.

O: Hast du immer noch Verständnis für ihn? Kannst du ihn lieben, trotz der Tatsache, daß er deine dunkle Seite nicht akzeptiert? Kannst du ihn annehmen ... einschließlich dieses Aspektes, der einer seiner dunklen Seiten ist?

T: Ich kann auf Entwicklung hoffen. Aber Entwicklung könnte nur stattfinden, wenn wir zusammengeblieben wären.

O: Wärest du denn dann hier und würdest an der Verwandlung deiner destruktiven Beziehungsmuster arbeiten, wenn er geblieben wäre?
T: (Pause) … Vermutlich ist das etwas, was in mir ist, an dem gearbeitet werden muß.

An diesem Punkt deines Prozesses ist es wichtig, daß du nicht besessen nach einer sofortigen Lösung für dein Dilemma suchst oder gar versuchst, Verwirrendes zu klären. Das kommt dann schon von selbst. Laß uns einfach einen Schritt nach dem anderen machen und stelle sicher, daß du jede Frage so ehrlich beantwortest, wie du nur irgend kannst.

KAPITEL 5

Die Angst vor der Angst

Frage Nr. 3:
Was ist in meiner wildesten Phantasie das Schlimmste, das passieren könnte, wenn ich niemals das bekomme, was ich von meiner Bezugsperson erwarte?

Warum, glaubst du, bist du so abhängig von dem, was du von deiner Bezugsperson vermeintlich am meisten willst, und warum ergreift dich Panik, wenn du es nicht bekommst? Warum brauchst du das, was du erwartest, so verzweifelt? Was könnte dir passieren, wenn genau diese Erwartung nicht erfüllt wird? Vielleicht liegt hier die Angst vor der Entdeckung zugrunde, daß du tatsächlich bestimmte Persönlichkeitsmerkmale hast, an die auch nur zu denken dich stets erschreckt hat. So wolltest du nie werden.

Statt das zu fixieren, was wir normalerweise unter Wirklichkeit verstehen, wollen wir nun bei der Beantwortung von Frage Nr. 3 damit beginnen, unsere Vorstellungskraft auf eine kreative und doch vielleicht ganz andere Art einzusetzen, als du gewohnt bist, es wagen, in die dunkelsten Ecken deiner Seele zu schauen, das schlimmstmögliche Szenario zu entwerfen. Wenn du das tust, richtet sich deine Aufmerksamkeit ganz natürlich auf das, was in deinem Vorbewußten existentielle Furcht genannt werden könnte. Dies ist eine tiefverwurzelte Furcht, die gewöhnlich ebenso tief in deinem Unbewußten vergraben liegt. Einerseits ist es die Furcht vor dem Unbekannten und andererseits die Furcht vor dem nur allzu Bekannten.

Nimm zunächst einmal Stift und Papier zur Hand (oder dein Arbeitsheft). Beschäftige dich die nächsten fünf Minuten mit Folgendem: Gehe einmal davon aus, daß du dich weit voraus in der Zukunft befindest (bezüglich des allgemein üblichen Zeitrahmens der Art von Beziehungen, die du mit deiner Bezugsperson hast),

und stelle dir vor, daß deine größte Erwartung an deinen Partner (deine Antwort auf Frage Nr. 1) immer noch nicht erfüllt ist. Laß deiner Phantasie freien Lauf. Bedenke, daß dies nichts mit der Wirklichkeit zu tun hat, und beschränke deine Antwort nicht auf das, was »wirklich« möglich ist. Bewege dich in den Möglichkeiten des Phantastischen, was deine Vorstellungskraft dazu führen wird, weitere Extreme zu erforschen. Während du das tust, notiere alle Eindrücke, die dir ganz spontan kommen. Wenn du glaubst, die endgültige Antwort gefunden zu haben - schau noch einmal hin. Hilfreich ist es, wenn du dich fragst: »Was passiert dann?« Vielleicht stellst du dir erst vor, daß deine Ehe in einer tragischen Scheidung endet. Wenn du dieser Vorstellung ein Weilchen nachgehst, dann entdeckst du vielleicht, daß es möglicherweise noch bedrohlicher wäre, daß du als Ehemann oder als Ehefrau versagt hast. Sei wiederum unverfroren ehrlich und stelle dich der Herausforderung, es einmal zu wagen, der schlimmsten Möglichkeit, die tief in dir lauert, ins Gesicht zu schauen. Vielleicht wirst du dich selbst überraschen. Höre also hier zu lesen auf ... nimm deinen Stift ... und wir sehen uns in fünf Minuten!
* * *

OK. Nun müssen wir aus Gründen der Klarheit sicherstellen, daß deine Antwort auf die Frage Nr. 3 die Form einer einfachen Feststellung hat. Schreibe diese in Großbuchstaben auf und setze die Nr. 3 davor. Beginne die Feststellung mit den Worten: »Das, was ich am meisten vermeide, ist ...« und füge deine Antwort hinzu.

Hier ein paar Beispiele, die dich zu einer tieferen Form von Ehrlichkeit inspirieren könnten.

3) **Das, was ich am meisten vermeide, ist...**
a) Ein wertloser Niemand zu werden.
a) Vom Meer verschlungen zu werden und jegliche Kontrolle zu verlieren.
a) Einsam und allein zu sein.
a) Wie mein Vater zu werden - ein absoluter Tyrann, unglücklich und einsam.
a) Wie meine Mutter zu werden - alle Selbstachtung

zu verlieren und mich von einem Mann beherrschen zu lassen.

f) Zu spät zu erkennen, daß ich das, worum es im Leben geht, versäumt habe.

f) Festzustellen, daß ich nicht wirklich ein talentierter Maler bin.

h) Festzustellen, daß ich unfähig bin, mich w i r k l i c h e i n - zulassen und schlußendlich wenig Integrität besitze.

Eine Ehefrau in der Falle:

T: Das Schlimmste, das passieren konnte, ist schon geschehen!

O: Frische unsere Erinnerung auf und nenne uns die Antwort auf die Frage Nr. 1.

T: Meine größte Erwartung an meinen Mann war die, daß er mir die Freiheit läßt, ich selbst zu sein, und mich so annimmt, wie ich bin. Überdies, daß er mich dazu inspiriert, meine guten Eigenschaften ebenso zum Ausdruck zu bringen wie meine schlechten.

O: Du erwartest von ihm, er möchte das Beste zutage fördern? Du möchtest von ihm, daß er deine Arbeit macht?

T: Die mache natürlich ich! Aber ich möchte wirklich, daß er mir die Freiheit läßt, meine guten Eigenschaften zum Vorschein zu bringen. Scheinbar tut er das, aber darunter macht er das Gegenteil, und das macht mich wirklich wütend.

O: OK. Laß deine Vorstellungskraft für dich arbeiten. Im Kontext deiner Beziehung, der vier Kinder usw. Das Leben geht weiter, Jahr für Jahr, und in etwa 20 oder 30 Jahren gibt dir dein Mann immer noch nicht, was er dir deiner Meinung nach geben sollte, damit du in der Lage bist, deine positiven Eigenschaften ebenso auszudrücken wie deine negativen. Vielleicht hast du das Gefühl, daß er dir noch weniger Freiheit läßt als zuvor. Was ist das schlimmste Bild, das du dir für deine Situation ausmalen kannst?

T: (Pause) Ich bin zu einem geistigen Pflegefall verkommen, bin völlig ausgebrannt und habe jegliche Selbstachtung verloren.

O: Könnte es sein, daß eine deiner größten Ängste die ist, daß du nicht weißt, wer du bist, und zwar aus dem einfachen Grund, daß es da gar niemanden gibt, über den du etwas wissen könntest, zu entdecken, daß du ein »Niemand« bist? In 20 oder 30 Jahren erkennen zu müssen, daß du nicht nur nie wirklich fähig warst, dein wahres Potential zum Ausdruck zu bringen, sondern daß da gar kein Potential zum Ausdruck zu bringen war, dein Selbst zu achten!

T: Genau.

O: Und wenn das so käme, wäre es dann die Schuld deines Mannes?

T: Teilweise ja.

O: Wenn du die Möglichkeit der Entdeckung, daß du ein »Niemand« bist, vermeiden willst, dann ist die Schuldzuweisung an jemand anderen (oder sogar an dich selbst) eine einfache Form, dies zu tun.

Manchmal fragst du dich vielleicht, wie und warum Menschen so enden, wie sie es tun. Wie kommt es, daß jemand, der aus einer »guten« Familie stammt und in vielerlei Hinsicht ein erfolgreiches Leben geführt hat, zum Landstreicher wird, unter der Brücke lebt und außer den Tauben keinerlei Freunde hat? Im allgemeinen würdest du wohl antworten:»Gewöhnlich geschieht das aufgrund eines schweren Schicksalschlages, vielleicht einer schweren Form der Isolation und Resignation, die durch den Verlust eines Lebensgefährten, eines Kindes, einer Arbeit oder durch einen anderen Unglücksfall verursacht wurde.« Das mag in vielen Fällen wahr sein, aber wie steht es mit denen, die sich langsam in eine solche Situation bringen? Menschen, die Tag für Tag, Jahr für Jahr tiefer und tiefer in die Vergessenheit rutschen und bei jedem Schritt ihre eigene kleine Welt immer weiter abschotten, bis sie schließlich in den schwarzen Abgrund der, nennen wir es einmal, totalen Paranoia fallen?

Nehmen wir ein weniger extremes Beispiel wie etwa einen Menschen, der zu einem jener bitteren, ärgerlichen und häßlichen Miesepeter geworden ist, den jeder am liebsten meidet, und das nicht erst im Alter, sondern schon in seiner Lebensmitte. Man betrachte die kaum erkennbaren Fotos, wie solche Menschen in ihren ausgeleierten Taschen herumtragen, auf denen sie als süße Kinder mit rosigen Wangen strahlend lächeln. Hatte Franklin D. Roosevelt nicht recht, als er in seiner Antrittsrede 1933 sagte: »Das einzige, was wir fürchten müssen, ist die Angst vor der Angst selbst«? ...Vielleicht hat er damit gemeint, daß das, was auf ein so schrecklichen Ende zuführt, der fortdauernde, sich ängstlich buckelnde innere Rückzug ist, den man erlebt, wenn man unentwegt vor den eigenen Ängsten davonläuft und es vermeidet, sie sich anzuschauen. Das, was einst vielleicht nur eine kleine Angst war, wird dann zu einem wüsten ungestalten Giganten - einem unbesiegbaren Monster, das nur deshalb nicht besiegbar ist, weil es von demjenigen verleugnet wird, der in seinem Schatten lebt.

Wir wollen also rechtzeitig einige dieser Ängste anerkennen und uns damit konfrontieren, um unseren Teil zur Verhinderung »des Schlimmsten« im wirklichen Geschehen zu tun. Das ist der Punkt bei der Beantwortung von Frage Nr. 3. Das bedeutet zuzugeben, daß die Angst zu dir gehört - sie ans Tageslicht zu bringen und ehrlich darüber zu sprechen. Das muß nicht im Übermaß getan werden und sollte auch keineswegs zum einzigen Gegenstand der Betrachtung gemacht werden, wie das manche Menschen tun. Doch sogar dann, wenn du mit dir selbst darüber sprichst, lockerst du den Würgegriff, mit dem dir diese Angst im Nacken sitzt, wie wenn du die Luft aus einem Ballon herausläßt. Du bist vielleicht angenehm überrascht, wenn du entdeckst, daß das Eingestehen »des Schlimmsten« tatsächlich eine der besten Möglichkeiten einer solchen Bemühung darstellt.

Dialog in der Gruppe

Ein Tyrann mit Schuldgefühlen:

T: Im schlimmsten Falle gibt mir meine Frau die freie Zeit, die ich erwarte, weil sie völlig resigniert hat. Dann hätte ich zwar all die Zeit, würde aber nicht mehr für mich sein wollen.

O: Meinst du, daß sie dich total zurückweist und in die Einsamkeit treibt?

T: Ja, daß da dann niemand mehr ist, der für mich sorgt, um meine äußeren Bedürfnisse zu befriedigen. (Ich habe mir in diesem Zusammenhang auch den geistigen Pflegefall notiert.)

O: Die Auflösung des menschlichen Seins?

T: Alleine mit meinem Computer zu enden!

O: Laß uns das ein wenig weiterverfolgen. Die Frage ist: »Wenn sie dir nie die freie Zeit gibt, was ist das Schlimmste, das passieren kann?«

T: Ja, freie Zeit, die mir so gegeben wird, daß ich deshalb kein schlechtes Gewissen habe! Das schlechte Gewissen bleibt.

O: Nun, vielleicht wird jetzt das etwas klarer, was du am meisten von deiner Frau erwartest. Es klingt, wie wenn du möchtest, daß sie dir keine Schuldgefühle macht, wenn du dir deine Zeit nimmst, um zu tun, was du willst.

T: Das stimmt.

O: OK. Noch einmal: Was ist das Schlimmste, das passieren könnte, wenn sie dir den Rest deiner Tage auf diesem Planeten weiter Schuldgefühle macht? Dir gar noch mehr Schuldgefühle macht, wenn du noch weniger Zeit für dich in Anspruch nimmst, da ihr die Zeit zusammen auf dem Sofa verbringen werdet, da du ja bis dahin pensioniert sein wirst?

T: Nach außen würde alles ganz normal aussehen … (Pause)

O: Male dir das absolut schlimmste Szenario aus, das

schrecklichste. Ziehe nicht in Betracht, daß dies irgendetwas mit der Wirklichkeit zu tun haben wird. Laß deiner Phantasie ein paar Augenblicke freien Lauf in eine absolut negative Richtung und male dir das Schlimmste aus.

T: Vielleicht...(Pause) würde ich enden wie mein Vater.

O: Und wie war er?

T: Er war ein absoluter Tyrann. Er war unglücklich und einsam.

Hier geht es dann wirklich ans Eingemachte. Und es ist in jedem von uns... dieses »Ich möchte nicht so werden wie mein Vater oder meine Mutter«. - Oder »Ich bete meinen Vater an (oder meine Mutter), und mein ganzes Streben in diesem Leben ist, dem Ideal nachzukommen, das er (oder sie) dargestellt hat!« Im letzteren Fall wäre es das Schlimmste, das passieren könnte, in einer Form zu enden, die in irgendeiner Weise weit von dem elterlichen Vorbild entfernt ist. Tief unter allem muß eine dieser beiden Möglichkeiten Teil der existentiellen Furcht sein, die sich in deinen persönlichen Vorstellungen von dem ausdrückt, wer du vermeintlich bist, wer du sein möchtest und wer du auf keinen Fall werden möchtest. Die elterlichen Einflüsse spielen daher eine bedeutsame Rolle in der Entstehung deiner Projektionen nicht nur auf den Partner (worum es im letzten Kapitel ging), sondern natürlich auch auf dich selbst.

Der Todesgriff:

T: Das Schlimmste, das passieren könnte, ist, daß ich mich völlig verliere und allein ende.

O: OK das ist typisch. Du wärest allein aber was noch?

T: Ich wäre jemand, der keine Freude im Leben hat!

O: Das Gefühl, daß du das Leben versäumt hast und keinen Grund hast zu leben.

T: Ja.

O: In gewisser Weise ist das eine durchaus reale Angst und gleichzeitig eine Ursache für das, wovor du dich fürchtest. Bedenke, was es bedeutet, daß du wirklich daran festhältst, wenn du in einer Form durchs Leben gehst, die so viel Angst hat, es zu verlieren oder nicht genug davon zu haben. Das beinhaltet auch sehr viel Kontrolle und Manipulation. Du versuchst dann nämlich zu sehr, daran zu drehen, daß es für dich funktioniert. Je mehr du festhältst, desto größer ist die Chance, daß du damit alles abwürgst!

Das Gesetz der Anziehung und der Abstoßung

Wenn sie ein Auge dafür haben, werden Sie bemerken, daß Angeklagte oft anziehend sind. Das ist ein bemerkenswertes Phänomen, fast ein Naturgesetz.

Franz Kafka[2]

Wir betrachten hier einige grundlegende und unterschwellige Ängste und kraftraubende Hemmungen, die unsere Fähigkeit einschränken, mit anderen in Würde und Freiheit in Beziehung zu treten. Das hat sehr viel mit einem bestimmten Gesetz zu tun. Man könnte es ein spirituelles Gesetz nennen, wenn wir die Welt der Spiritualität als eine Welt wahrnehmen, die, vergleichbar der Welt physikalischer Energie, Regeln und Bedingungen beinhaltet. In etwa so, wie sich Makrokosmos und Mikrokosmos in vielfacher Hinsicht ähneln. Paul Solomon, mein erster Lehrer, stellte mir dieses Gesetz vor vielen Jahren als »das Gesetz von Anziehung und Abstoßung« vor. Seither habe ich immer wieder Bezüge zu dieser grundlegenden Vorstellung gefunden, die andere Worte benutzt haben, um sie zu beschreiben. Für unsere Zwecke jedoch wollen wir »Anziehung und Abstoßung« benutzen, da dies am meisten Klarheit bietet.

Bezüglich seiner Wirkungsweise im menschlichen Bereich läßt sich dieses Gesetz etwa folgendermaßen beschreiben: Das, was ich unbedingt haben will, stoße ich energetisch ab. Das, was ich abstoße, lade ich energetisch ein. Ersteres wollen wir als »Naß-Fisch-Syndrom« bezeichnen, weil es sich ganz wie bei einem nassen Fisch verhält: Wenn man versucht, ihn zu heftig und zu schnell zu fassen zu bekommen, schlüpft er einem durch die Finger. Der Grund dafür, daß du so heftig versuchst, den Fisch zu fangen, mag natürlich der sein, daß du so verdammt hungrig bist. Du hast tagelang nichts gegessen, und plötzlich kommst du auf deiner Reise an diesen breiten Fluß voller Regenbogenforellen, die nur darauf warten, in deine Bratpfanne zu springen. Das Problem allerdings liegt darin, daß sie heute offenbar nicht springen wollen. Also springst du ihnen hinterher - tauchst immer wieder mit den Händen und versuchst, die glitschigen Tiere aus ihrer natürlichen Umgebung zu entfernen. Dies ist das andere Problem: sie sind glitschig. Und je heftiger deine Versuche werden, desto schneller schlüpfen sie dir durch die Finger. Wenn du andererseits nicht so hungrig wärest, wärst du vielleicht auch nicht so erpicht darauf, die kleinen Biester zu verspeisen. Und selbst, wenn du hungrig wärest, dich aber entschlossen hättest, in dieser Situation deine Gier zu zügeln, wären die Chancen, einen Fisch zu fangen, für dich günstiger. Und zwar aus dem einfachen Grund, daß deine Hände entspannter wären, geduldig und offen auf den richtigen Augenblick wartend, in dem der Fisch im flachen Wasser schwimmt und du ihn ruhig und dankbar in Empfang nimmst.

Der zweite Teil dieses Gesetzes besagt, daß ich all das geradezu verführerisch in meine Wirklichkeit einlade, was ich aggressiv wegstoße, was ich im Leben ablehne oder zurückweise. Wenn ich also mit allen Mitteln versuche, etwas, das ohnehin schon Bestandteil der Situation ist, zu eliminieren oder auszulöschen oder mich unbedingt gegen etwas zu schützen, das bereits auf dem Weg zu mir ist - und selbst wenn dies mit meinem besseren Wissen und meinen stärksten Wünschen übereinstimmen sollte -, gerade dann ziehe ich es an wie ein Magnet das Eisen.

> Dabei fällt mir mein vier Jahre alter Sohn Alexander ein, der vor nicht allzulanger Zeit mit seiner kleinen hölzernen Eisenbahn spielte. Jedes Wägelchen hat hinten und vorne einen Magneten, mit dessen Hilfe es an ein anderes angekoppelt werden kann. Alexander hatte noch nicht herausgefunden, daß einige dieser dunklen Metallstücke einander anziehen

und andere einander abstoßen. Der neugierige, hartnäckige und dickköpfige kleine Junge, der er manchmal ist, verbrachte bestimmt etwa eine Viertelstunde damit, daß er verzweifelt versuchte, zwei gleichpolige Magneten zusammenzubringen. Er wurde von Minute zu Minute ungeduldiger, bis er wütend und enttäuscht in Tränen ausbrach. Was für ein Spiegel! Und ich sagte, wie irgend so ein Gott, der voller Mitgefühl und Weisheit von oben gekommen war: »Weine nicht, großer Vogel«[3] (gemeint ist einer der Figuren aus Jim Hensons *Sesamstraße* und eines von Alexanders Lieblingsbüchern gleichen Titels) und drehte dann einfach das Wägelchen um. Die letzten beiden Wagen seiner langen Zugkombination schnappten zusammen!

Wenn ich das nur für mich selbst öfter tun könnte, würde ich mir eine Menge Kummer ersparen. Wenn ich ein bißchen früher als gewöhnlich erkenne, daß es nur das Gegenteil des Beabsichtigten bewirkt, sich kampflustig gegen die Gezeiten des Lebens zu stellen. Es geht einfach darum, in mir den besonderen seelischen Raum zu finden, in dem ich mit den Dingen des Lebens entspannt genug umgehe, um mich nicht blind dagegenzustemmen und angemessen damit umgehen zu lernen.

Fragst du dich manchmal, wieviel leichter das Leben sein könnte, wenn du dich mit den Dingen, so wie sie sind, einfach etwas mehr entspannen würdest? Es scheint, wie wenn es einen Teil in jedem Menschen gäbe, der Gott oder dem Leben oder dem Tao (oder wie immer du es benennen möchtest), nicht traut, daß er oder es uns gibt, was wir wirklich brauchen. Und genau dieser Teil glaubt, er könne erfolgreich versuchen... und versuchen... und versuchen zu bekommen, was er braucht, oder zurückzuweisen, was er nicht mag. Der Punkt ist: das funktioniert nicht! Sicherlich kannst du da Parallelen in deiner Vergangenheit und vielleicht auch in deiner gegenwärtigen Erfahrung mit Partner XY finden.

Mit dem falschen Gott tanzen, könnte man es nennen. Er flüstert dir trügerische Vorstellungen darüber ins Ohr, wer du vermeintlich bist und was du vermeintlich brauchst, während du dein Leben vertanzt. In deinem Alltag ehrst du seine Gebote in zwanghaften, fast rituellen Wiederholungen, Prägungen aus der Vergangenheit, die heute die Vollmacht für ein ruhigeres und aus der Mitte gelebtes Leben sein könnten.

Denn es gibt einen wenig frequentierten Ort in dir, der nichts mit der Vergangenheit zu tun hat, und den du aufsuchen kannst. Wenn du an diesen Ort gelangst, dann hörst du dich vielleicht sagen: »Ich weiß wirklich nicht, was ich brauche, und bewege mich im Ruhepol zwischen Anziehung und Abstoßung, während ich dem Leben vertrauensvoll erlaube, mir zukommen zu lassen, was ich wirklich brauche.«

Es gibt in Japan ein Ritual, bei dem Geschäftsleute zusammenkommen und Artikel im Wert von Tausenden von Dollar verbrennen. Dabei handelt es sich um Geschenke, die geopfert werden, um einen bestimmten Gott milde zu stimmen, damit die Geschäfte gut gehen mögen. Mir scheint, daß die Vorstellung einer solchen Form der Beeinflussung eines Gottes viel mit dem Gesetz von Anziehung und Abstoßung zu tun hat und zweifelsfrei ein uraltes Bewußtsein davon widerspiegelt - zumindest auf Seiten derer, die eine solche Zeremonie ursprünglich ins Leben gerufen haben. Die ins Ritual gefaßte Bereitschaft des Loslassens bringt den Teilnehmer des Rituals in einen Bewußtseinszustand, der geschehen läßt. Die Gier, das Ziehen und Schieben hören für einen Augenblick auf. Obgleich die »Götter« bei dieser Art des plötzlichen menschlichen Innehaltens ein spirituelles Schleudertrauma erleiden, antworten sie mit einer wahren Flut des ursprünglich Begehrten.

Dieses Phänomen findet seinen Ausdruck auch im heute noch üblichen Brauch des sogenannten Zehnten: 10% deines Einkommens für eine Religionsgemeinschaft oder Sache deiner Wahl zu geben, in dem Verständnis, daß es hundertfach zurückkommen wird. Wenn du das natürlich in der festen Absicht tust, etwas zurückzubekommen, dann kann das schon wieder ein wenig gierig sein, und du bist am Ausgangspunkt angelangt. Selbst das alte Sprichwort »Du wirst ernten, was du gesät hast« kann man in Verbindung mit diesem Gesetz sehen. Ebenso wie die Notwendigkeit, sorgfältig darauf zu achten, was wir sehen und wieviel. Das gleiche gilt für die Welt der Beziehungen.

Die Ängste, die in der Antwort auf Frage Nr. 3 auftauchen, sind oft die Ursache dieser Art des Ziehens und des Schiebens. Die existentielle Furcht ist höchstwahrscheinlich auf etwas bezogen, das du im Leben verzweifelt zu verhindern suchst. Zweifelsfrei unterstützt sie deine Abhängigkeit davon, daß die Dinge so laufen sollten, wie du glaubst, daß sie es müßten. Dieser Abhängigkeit entstammen deine größten Erwartungen gegenüber deinem Partner und dir selbst. Nun magst du vielleicht einwenden: »Ich sehe, wie diese Abhängigkeit meine Erwartungen bestimmt, aber was kann ich dagegen tun?« Nur ein wenig Geduld. Wir sind erst bei Schritt Nr. 3. Wir werden eine Lösung finden, aber jetzt noch nicht.

Im Augenblick wollen wir einfach tiefergehen und uns mit dem beschäftigen, was hinter den Erwartungen steht. Schauen wir uns kurz ein paar Anker an, die uns an die von uns geschaffene Wirklichkeit binden. Wenn ich beispielsweise zu sehr versuche, nicht wie mein Vater zu sein, dann gehe ich durchs Leben mit dem Mantra »Nein, ich werde nicht wie er!« und erreiche genau das irgendwo und irgendwann im Gegenpol. Auf diese Art wird es zum Lebensthema der Rebellion. Dieses Thema bekommt dabei so viel Aufmerksamkeit, daß es großes Gewicht bekommt und sowohl die Beziehung zu mir selbst als auch die Beziehung zu anderen Menschen beherrscht. Ich kreiere auf diese Weise eine Plattform für das Spiel im Pol und im Gegenpol. Dieses Spiel gerät häufig in die Form einer Partnerschaft, die zum Austragungsort des Dramas wird.

Du kannst die dunkelsten Szenarien, die du dir für die Zukunft vorstellen kannst, nur als deine eigenen erkennen und eingestehen. Lauf nicht vor ihnen davon. Schau sie dir an. Nur so kannst du verstehen, was dahintersteckt, und warum du so verzweifelt versuchst, dieses oder jenes zu vermeiden. Wenn du diese Anker einholst und dich ein wenig von deiner Abhängigkeit löst, kann sich am anderen Ende des Seils bei dir und in deiner Partnerschaft viel verändern, und dein Schiff hat die Chance, freizukommen und Fahrt aufzunehmen.

Dialog in der Gruppe

Der sterbende Macho:

T: Ich weiß immer noch nicht genau, was meine Angst ist.

O: Max! Was, wenn dein ganzes Leben lang kein einziges Weib daherkommt und sagt: »Oh Gott! Ich muß deinen Körper haben!« Keine besucht dich, keine klopft je an deine Tür, keine geht je mit dir ins Bett, keine erkennt dich als den sexy und männlichen Kerl, der du bist! Was ist das Schlimmste, das dann passieren könnte?

T: Völlig einsam und allein zu enden.

O: Und was würde dann geschehen? Du bist am Ende deines Lebens angelangt, liegst auf deinem Totenbett und warst die ganze Zeit allein - an welchem inneren Ort würdest du dich dann befinden?

T: (... lange, nachdenkliche Pause) Ich würde erkennen, daß ich etwas sehr Wichtiges im Leben versäumt hätte und dies zutiefst bedauern!

O: Vielleicht versuchst du zu sehr, ein richtiger Mann zu sein - um eben diese Möglichkeit zu vermeiden.

T: Mag sein.

Um noch einmal auf das Szenario des »Landstreichers unter der Brücke« zurückzukommen: Als ich einige Jahre in Manhattan lebte und tausende von heimatlosen Menschen dort auf den Straßen sah, die keinen Pfennig in der Tasche und keine Freunde hatten, da wurde mir klar, daß die Möglichkeit, einer von ihnen zu werden, gar nicht so klein war, wie ich vielleicht dachte. Man weiß nie, was geschehen kann. Ob es nun deine Angst ist, unter der Brücke zu enden, oder ob es die ist, daß die anderen dich dort sehen und verachten könnten (so wie du vielleicht jetzt die unter der Brücke verachtest), ist es in jedem Falle von Bedeutung zu verstehen, daß beides möglich ist. Und wir wollen nicht vergessen, daß das Leben schnell vorbeigeht, auch wenn es nie zu spät für Veränderung ist. Je länger wir es hinausschieben, diese tief-versenkten Anker hochzuholen, desto größer ist die Chance, daß wir uns nicht von der Angst befreien können. Je mehr Angst jemand hat, desto weniger Zugang hat er zu seinem Potential und kreiert überdies genau das, wovor er Angst hat. Mit anderen Worten, der schnellste Weg unter die Brücke ist die angstvolle Flucht in die entgegengesetzte Richtung.

Statt in diese abwärtsführende Spirale wollen wir in eine aufwärtsführende Spirale des Lernens gelangen, indem wir uns darin üben, uns auf dieser Ebene mit uns selbst auseinanderzusetzen: Setze dich nicht mit den Dingen auseinander, vor denen du Angst hast, sondern mit der Angst vor den Dingen. Was in Zukunft geschehen mag, ist bei weitem nicht so erschreckend wie die Angst vor dem, was geschehen mag.

Sketch: (Eine Szene unter der Brücke mit einem vorbeikommenden Studenten der Wirtschaftswissenschaften)

Bettlerin: Hey, Typ, das ist aber ein verdammt schönes Jackett, das du da anhast!

Student: Und es ist warm. Übrigens können Sie mir sagen, wo die Erfolgsstraße ist? Ich komme gerade aus der Tagesschule und bin auf dem Weg in die Abendschule und habe mich verirrt.

Bettlerin: Zum Teufel, wenn ich das wüßte, würde ich hier nicht herumhängen, oder? Du kannst mir glauben, ich erinnere mich an die Zeiten, als ich wie du war und Leuten wie mir begegnete. Das war meine größte Angst!

Student: Verzeihung, das ist überhaupt nicht vergleichbar und im übrigen seien sie versichert, daß mein ganzes Leben danach ausgerichtet ist, nicht so wie Sie zu enden. Adieu!

Bettlerin: Auf bald!

KAPITEL 6

Alte zerstörerische Muster

Frage Nr. 4:
**Was genau tue ich meiner Bezugsperson
und/oder mir selbst an, wenn meine Erwartung
nicht erfüllt wird?**

Erinnere dich an Situationen, in denen du gegenüber deiner Bezugsperson deine gewöhnliche Erwartung hattest, sie aber nicht erfüllt wurde. Was war deine typische Reaktion gegenüber deinem Partner und/oder dir selbst? Neigst du für gewöhnlich dazu zu strafen, und wenn, wie? Vielleicht bist du einer von den Menschen, die zumachen und gerade genug leiden, damit dein Partner merkt, daß er oder sie sich wegen des dir zugefügten Leides schuldig fühlen sollte. Und wenn das nicht wirkt, dann gibt es immer noch eine Fülle von reizvollen Techniken, um auf gar nicht so subtile Weise Harakiri zu begehen, so daß sogar die Nachbarn die Größe deines Schmerzes ermessen können. Da gibt es ein wahres Potpourri wunderbarer Strategien: Selbstmitleid, Depression, Hilflosigkeit, Rückzug, Flucht, Ärger, Schuldzuweisungen, Drohungen, verletzende Worte, körperliche Gewalt, Überlegenheit und Unterlegenheit, um nur ein paar wenige Reaktionsformen zu benennen, die dazu da sind, daß du nicht bekommst, was du erwartest. In Gegensatz zu einer »Aktion«, die das Ergebnis einer aus dem freien Willen heraus getroffenen Entscheidung ist, ist eine »Reaktion« ein zwanghaftes und gewohnheitsmäßiges Verhalten, das von einem Reizpunkt in der Beziehung ausgelöst wird. Es hat sich schon so oft wiederholt, daß es im seelischen Gefahrenbereich mit der tödlichen Qualität einer Drohne mühelos Meisterleistungen in Sachen Sabotage vollbringt. Wenn du dich bei einem solchen Roboterverhalten erwischst, d.h. wenn du wirklich fähig bist zu merken, daß du mitten in einer deiner typischen, gewohnten Reaktionen steckst und dir das klar wird, dann hast du eine gute Möglichkeit auszusteigen und stattdessen mit Hilfe deines freien Willens eine Aktion zu wählen, die angemessen und konstruktiv ist. Aber es ist äußerst unwahrscheinlich, daß du dich in einem solchen Reaktionsmuster erwischst, wenn du dir nicht bewußt bist, wie es abläuft. Das Ziel bei der Beantwortung der obigen Frage Nr. 4 ist es, daß du dir tatsächlich dessen bewußt wirst, was auf deiner Seite mitten in deiner Reaktion geschieht, und daß du die negativen Konsequenzen erkennst und dir eingestehst. Wir befassen uns immer noch mit der dunklen Seite des Mondes! Gehe also zurück zu Frage Nr. 1 und lese deine Antwort. Und dann schau dir mit brutaler und objektiver Ehrlichkeit deine typische Reaktion darauf an, daß du nicht bekommst, was du in dieser Situation erwartest. Nimm Stift und Papier, und notiere in den nächsten paar Minuten einige deiner Einsichten. Es braucht wahrscheinlich etwas Mut, dieser Wahrheit mit einer gewissen Aufrichtigkeit ins Gesicht zu schauen, denn sie könnte dir zumindest unangenehm sein. Und doch, wenn du die Augen aufmachst, ist die Antwort ziemlich einfach. Mach dir klar, daß dieser Schritt von großer Bedeutung ist, wenn du in deinem seelischen Roboterland etwas verändern willst. Du mußt nämlich wissen und zugeben, daß die Würdenträger und Politiker der Regierung dieses Landes taub, stumm und blind sind. Wenn du auch nur eine Minute glaubst und denkst, sie seien es nicht, dann hast du den vielen Stunden, Tagen und Jahren, in denen du die häßliche Wahrheit bezüglich deines Beitrags zur Zerstörung deiner Beziehungen gemieden hast, noch eine Minute hinzugefügt. Hör also auf zu lesen ... nimm den Stift ... und tue es einfach!

* * *

Und wiederum laß uns um der Klarheit willen sicherstellen, daß deine Antwort auf die Frage Nr. 4 die einfache Form einer einzigen Feststellung hat. Gehe das Niedergeschriebene noch einmal durch und entscheide dich, was deiner Wahrnehmung nach in der Wirklichkeit schlußendlich am meisten gilt. Dann bedarf es vielleicht noch ein wenig mehr der Innenschau, und schone dich nicht, wenn du dir einen kleinen Ruck gibst und dir die unangenehmen Gefühle beim Erinnern von Einzelheiten der jeweiligen Situation vergegenwärtigst. Wenn du beispielsweise erkannt hast,

daß du für gewöhnlich gehässig oder rachsüchtig reagierst, dann gilt es, noch genauer zu sein und dich zu fragen, wie diese Gefühle zum Ausdruck gebracht werden: In welcher Form bin ich gehässig oder rachsüchtig?
Schreibe deine einfache Feststellung in großen Buchstaben auf und setze die Nr. 4 davor. Beginne sie folgendermaßen:

4) **»Meine ganz typische Reaktion ist...« und vervollständige deine Antwort ehrlich und klar.**

Dialog in der Gruppe

Harakiri:
T: Ich bestrafe mich selbst.
O: Wie?
T: Ich gehe direkt ins Selbstmitleid. Ich mach mich nieder, indem ich mich selbst bemitleide und mich unter die Wertlosen einreihe.
O: Wie nett. Dir das Messer in die Brust zu rennen, es eine Weile darin herumdrehen, es herausziehen und für Regentage aufheben! Richtig?

Samurai-Schmeichler:
T: Ich kämpfe. Zunächst ist es einfach ein rücksichtsloser Ausdruck von Willenskraft. Aber wenn das nicht hinhaut - und das tut es für gewöhnlich nicht - dann werde ich wirklich wütend.
O: Wie drückt sich deine Wut aus?
T: Ich werde bleich, fange an zu zittern und werde sehr laut! Und alles, was ich an diesem Punkt sage, ist hundertprozentig richtig.
O: Du meinst, du argumentierst und rechtfertigst dich?
T: Richtig.
O: Beim Herausarbeiten eines destruktiven Reaktionsmusters genügt es nicht, einfach zu sagen, daß du wütend wirst und kämpfst, beispielsweise. Es geht darum, wie du kämpfst... Was genau du tust.

Geisha gute Miene:

T: In solchen Momenten der Verzweiflung gehe ich sofort in die Unterwerfung und versuche herauszufinden, was mein Partner von mir will und erfülle seine Wünsche! Ich stelle seine Wünsche über die meinen.

O: Klingt nach Dienerin oder vielleicht sogar Sklavin! Aus irgendeinem Grund verschafft es dir vielleicht sogar eine gewisse Befriedigung, dich zu unterwerfen.

T: Wenn ich darüber nachdenke, dann habe ich das Gefühl, mich irgendwie zu prostituieren..., mich zu verkaufen..., mich kleinzumachen, um es ihm heimzuzahlen. Mir scheint, ein Teil in mir liebt es, in der Scheiße zu stecken.

Klage-Kamikaze:

T: Ich weine ein wenig unter dem Motto:»Das könnte vielleicht wenigstens auf sie wirken.«

O: Großartig. Manipulation und Bestrafung in der Maske der Traurigkeit. Manchmal äußerst wirksam, nicht wahr?

T: Ein Weilchen. Dann gehe ich einfach indigniert raus.

O: Dann greifst du sie also an, indem du sie einfach abschneidest, deine Liebe und Aufmerksamkeit von ihr abziehst und ihr die Schuld gibst.

T: Ist das nicht ein wenig hart, wie sich das darstellt?

O: Meinerseits oder deinerseits? (Pause) Übrigens, wer leidet am meisten?

T: Wirbeide!

Bonsai boshaft:

T: Ich hab den totalen Anfall und bestrafe meinen Partner.

O: Was machst du mit ihm? Worüber sprechen wir: Töpfe und Pfannen, Schimpfworte?

T: Nein, ich bin sehr kontrolliert. Ich wähle meine Worte sehr sorgfältig.

O: Was für Worte? Bist du eine von diesen Profis in Sachen sticheln, die genau wissen, welchen Knopf sie drücken müssen, und das mit einer fast erotischen Hingabe tun, die vollkommene Befriedigung verschafft? »Gott, das fühlt sich soo guut an!« Und dann nimmst du einfach den Finger vom Knopf und sagst:»Oh, Liebling, was ist passiert? Ich wollte dir nicht wehtun.«

T: Ich bin gut, aber noch nicht so gut.

O: Aber fast, oder? Und du wirst sehr gut, wenn du nur dranbleibst (Gelächter). OK, was tust du?

T: Wenn ich es so beschreiben muß, dann würde ich meinen, man könnte es als schneidenden Sarkasmus gegenüber Männern im allgemein und ihn im ganz besonderen bezeichnen. Ich werde zu einem totalen Miststück, dessen rasiermesserscharfe Klinge so schnell schneidet, daß er's erst merkt, wenn er ihm abfällt.

O: Bis was abfällt? Na ja (Gelächter). Du meinst, damit, daß du deinen Mann mit Worten kastrierst oder ent- mannst.

T: Absolut. Und wenn ich erstmal in die Gänge komme, dann bin ich kaum zu stoppen!

O: Ich werde versuchen, mir das zu merken.

Kreaturisation: Wie man einer Neigung abschwört

Im Lernprozeß mit dem angemessenen Umgang mit solchen Reaktionsmustern in Beziehungen machen wir nun einen weiteren Schritt und gehen in eine Phase unseres Prozesses, die ich mit der Wortschöpfung »Kreaturisation« bezeichne. Das gibt uns die Möglichkeit, unsere Reise durch die Welt des Schattens auf poetische, unterhaltsame, unterstützende und lustige Weise fortzusetzen - so daß wir schließlich mit unglaublicher Leichtigkeit aus dieser Welt herauszutreten vermögen. An diesem Punkt können wir beginnen, die schwere Last von Scham und Schuld bezüglich der üblichen Zerstörungstendenzen und ihrer Gründe etwas leichter zu machen. Eine Voraussetzung dafür ist das Verständnis, daß alle Menschen Schwächen haben, ebenso wie zerstörerische Seiten. Es ist in Ordnung, daß du solche Seiten hast, und es ist von großer Bedeutung, nicht nur über das Wie und Warum Bescheid zu wissen, sondern auch: wer der Zerstörer oder die Zerstörerin wirklich ist!

Schau dir noch einmal deine Antwort auf Frage Nr. 4 an: Deine typische Reaktion, wenn du von deiner Bezugsperson nicht das bekommst, was du am meisten willst. Lies sie einige Male durch, bis du die zentrale Aussage, die beschreibt, was du tust, auswendig kannst. Wenn deine Feststellung z.B. war: »Meine ganz typische Reaktion ist die, sie in meiner wütenden Rachsucht verbal zu demütigen und zu erniedrigen«, da wäre die zentrale Aussage, die es auswendig zu lernen gilt: »sie in meiner wütenden Rachsucht verbal zu demütigen und zu erniedrigen«. Höre nun also wieder zu lesen auf und konzentriere dich ein paar Augenblicke darauf, dir diese Figur, diese zentrale Aussage und ihre Bedeutung einzuprägen.

Mit Hilfe deiner Phantasie und Vorstellungskraft malst du dir nun aus, du hättest eine innere Bühne, einen Ort sozusagen, wo du deine verschiedenen Rollen im Theater des Lebens spielst. Stell dir diese Bühne im Augenblick einfach aus der Perspektive des Zuschauers vor. Kannst du dir das vorstellen? Du siehst diese Bühne vor deinem inneren Auge, und sie ist ganz leer, nur die Scheinwerfer beleuchten die Bretter, die dir die Welt bedeuten. Hast du es? ... Gut.

In wenigen Augenblicken werde ich dich dazu auffordern, die zentrale Aussage, die du dir eingeprägt hast, laut zu wiederholen und dabei diese innere Bühne zu betrachen. Du wiederholst diese Worte immer wieder und erlaubst der Energie ihrer Bedeutung, langsam auf der Bühne Form anzunehmen. Stell dir vor, das Gefühl, das diese Worte und das, was sie beschreiben, beinhalten, nimmt langsam die Gestalt eines Bildes von einer Kreatur oder einem Charakter an, der das Wesen des zerstörerischen Reaktionsmusters verkörpert. Das Ding kann aussehen wie eine lebendig gewordene Figur aus einem Cartoon (halb Tier, halb Mensch), wie ein Fabelwesen oder ein theatralisch agierender Schauspieler. Es sollte in jedem Fall ein paar menschliche Züge tragen, damit die entsprechende seelische Energie bis zu einem gewissen Grad personifiziert wird. Höre an dieser Stelle wieder zu lesen auf, schließe einige Minuten die Augen und wiederhole die zentrale Aussage ein paarmal laut.

* * *

OK: Jetzt hast du ein allgemeines Bild eines solchen Charakters oder einer solchen Kreatur. Als nächstes wirst du wohl den Scheinwerfer auf dieses Geschöpf richten wollen, um es noch besser in Einzelheiten wahrzunehmen. Wenn nötig, gehe ein wenig näher an die Bühne heran, so daß das Bild viel größer erscheint, als die Kreatur es in Wirklichkeit ist. Erlaube den Proportionen dieser Gestaltung Übertreibungen ins Lächerliche und Witzige. Folge den Anregungen im nächsten Absatz, und stelle dir, während du dir Zeit läßt, dieses innere Bild deutlicher zu machen, vor:

> einen übertriebenen Gesichtsausdruck
> die Haarfarbe
> wie die Kleidung aussehen könnte
> wie es sich bewegt und die Körperhaltung
> seine generelle innere Haltung und Energie
> wie es spricht (der Klang der Stimme)
> was es sagt
> und anderes, was die Natur dieser Kreatur verdeutlichen mag.

Stell dir nun vor, daß du von diesem Wesen einen Schnappschuß machen möchtest, ein Foto, und sage ihm, es möchte doch so »gut« wie möglich für ein Ganzkörperporträt posieren. OK ... Fertig ... Schnappschuß.

Großartig! Als nächstes nimmst du wieder Papier und Stift zur Hand. Wenn du Farbstifte oder Farbkreiden hast, benutzt du vielleicht besser diese - wenn nicht, keine Sorge. Male ein Bild dessen, was deine Vorstellungskraft gegeben hat, so gut du eben kannst. Du mußt dafür kein Künstler sein! Fühle dich beim

Zeichnen ganz frei, die Merkmale dieser Kreatur oder dieses Charakters so übertrieben darzustellen, daß es wirklich lächerlich oder lustig rüberkommt. Neben dem Bild notierst du die Worte, die diese Kreatur spricht. Unterbrich an diesem Punkt die Lektüre und verwende einige Zeit auf diese Aufgabe. Sie ist wichtig!
* * *

Auf der folgenden Seite ein paar Beispiele, wie solche Zeichnungen aussehen können.

Jetzt ist es an der Zeit, dieser Kreatur, diesem Charakter einen Namen zu geben. Vergegenwärtige dir, daß diese Wesenheit nicht du bist, also nenne sie auch nicht so, wie du heißt. Betrachte sie als eine Gewohnheit, mit der du dich identifiziert hast. Da sie völlig vorhersagbar ist, tut sie immer das Gleiche, singt stets das gleiche Lied und tanzt den gleichen Tanz. Ihr Repertoire ist äußerst begrenzt. Dies solltest du bei der Namensgebung berücksichtigen. Lege diese Gewohnheit im übertragenen Sinne in eine Schublade, gerade so, wie sie dich in der Vergangenheit schubladisiert hat, und dann klebe ein dickes, fettes Etikett auf die Schublade, damit jeder weiß, was drin ist! Wichtig daran ist, daß dieser Name nicht nur »die Natur des Biestes« beschreibt, sondern auch witzig genug ist, um dich daran zu erinnern, es nicht so ernst zu nehmen.

»Kreaturisation« hilft dir dabei, eine solche Neigung als deine anzuerkennen, und zugleich, dich von ihr zu distanzieren. Die Benennung der Kreatur oder dieses Charakters ist ein integraler Bestandteil dieses Prozesses. Vielleicht hast du schon einen Namen gefunden, wenn nicht, dann versuche bitte nicht krampfhaft, den richtigen zu finden. Obschon er die obigen Kriterien erfüllen sollte, darf er auch einfach für dich stimmen. Im Folgenden einige Dialogauszüge, die dich inspirieren mögen:

Dialog in der Gruppe

Gwendolin Wenndunicht:

T: Mir kam »Gwendolin Wenndunicht«. Wenndunicht: Wenn du nicht dieses oder jenes!

O: Wunderbar, ein Wortspiel. Und was tut dieser Charakter?

T: Er sagt mir ständig solche Dinge wie: »Wenn du dich nicht so verhältst, dann kannst du gehen!«

O: Sie droht also dauernd, die Partnerschaft zu verlassen, und programmiert den Partner in dem Glauben, er würde sie so sehr vermissen, daß er nie mehr einen anderen lieben könnte, zu einem Leben voller Kummer, voller Bedauern und ohne Sex verdammt?

T: (Gelächter) Das stimmt in etwa, allerdings.

O: Je klarer deine Vorstellung von Gwendolins Ausdruck, Körperhaltung usw. werden, desto mehr erinnere dich daran, daß Gwendolin nicht du bist. Wenn du der Kreatur oder dem Charakter einen Namen gibst, der deinem auch nur ähnelt, dann bist du auf der falschen Spur. Identifiziere diese Neigung nicht mit dir oder deinem Namen. Wenn dein Name beispielsweise Gwendolin wäre, wäre es nicht angemessen, diesen Charakter Gwendolin zu nennen. In deinem Fall ist der Name geeignet, aber Gwendolin spricht immer noch mit einer Stimme, die zu sehr nach der deinen klingt... und bewegt sich auch so ähnlich wie du. Lege noch mehr Distanz zwischen dich und diesen Charakter.

Olga Opferlamm:

T: Ich habe ein Bild von der Kreatur, aber ein Problem mit dem Namen. Sie schleppt das Gewicht der ganzen Welt auf den Schultern. Sie übernimmt die schwere Last scheinbar ungeheurer Verantwortung, klagt jedoch ständig darüber und bemitleidet sich selbst.

O: Würdest du bitte einen Moment aufstehen? Nimm

das Kissen, auf dem du gesessen hast und leg es dir auf die Schultern. Vorsicht, es ist sehr schwer! Es bringt dir jede Menge Leid und Schmerz... während du … durchs Leben gehst. Was sagt die Kreatur?

T: (Gebeugt unter der Last, mit einer Leidensmiene und einer Stimme, die ein wenig an den Urtyp einer jüdischen Mutter erinnern) »Schon gut, ich schaff das schon, ich brauche keine Liebe … ich komm da schon durch. Es bricht mir zwar fast das Kreuz und drückt mich fast zu Boden aber das ist schon in Ordnung. Mach es dir ruhig bequem und sieh zu, wie ich das alles bewältige!«

O: Ich habe den Eindruck, daß die Kreatur eigentlich andere durch Schuldgefühle manipulieren will, damit sie ihr etwas von ihrer Last abnehmen. Übrigens: Hat sie weibliche … oder männliche … Energie?

T: Weibliche … Und es ist viel eher so, daß diese ungeheure Last etwas ist, das ihr für Zeit und Ewigkeit auf die Schultern gelegt wurde … Ein Teil von ihr und von dem, wer sie ist - im Gegensatz zu etwas, das sie nur eine Zeitlang tragen müßte. Und in einem übertragenen Sinne muß sie ständig bluten.

T2 (ein anderer Teilnehmer): Olga Opferlamm.

O: Sagt dir der Name etwas? Entspricht er diesem Charakter? Wenn ja, dann benutze ihn. Es muß etwas Lustiges sein, etwas Passendes, etwas, das dich an die Energie deiner Neigung erinnert.

Karl Killerkopf:

T: Ich habe in dieser Situation zwei Charaktere: den Kämpfer und den Intellektuellen. Ich bin mir nicht sicher, ob ich einfach einen von ihnen nehmen soll oder ob ich sie als zwei Seiten ein und desselben Charakters betrachten soll.

O: Vielleicht keines von beiden. Wie wäre es, wenn du ihn als einen Charakter mit einer Seite betrachten würdest? Nachdem ich gesehen habe, wie du hier in diesem Prozeß gearbeitet hast, würde ich dir genau das vorschlagen.

T: Du meinst: den »intellektuellen Kämpfer«?

O: Ja. Erinnere dich, daß es das ist, was dieser Charakter tut, das die eigentliche Tendenz ausmacht. Er zielt genau, zerstört konsequent. Verursacht erfolgreich Schmerz, ohne große Anstrengung ohne emotionalen bzw. körperlichen Einsatz. Der glasklare Gedanke lenkt - wie bei den modernen Lenkwaffensystemen - die Worte als Projektile ohne großen Aufwand ins beabsichtigte Ziel. Und sie treffen! Mit herzloser Kälte wird die angerichtete Zerstörung dann auch noch als notwendig gerechtfertigt. Dieser Charakter hat auf alles eine Antwort und ist bereit, alles und jedes für ein Ziel zu opfern: den Kampf zu gewinnen. Er ist auch überzeugt, daß er gewinnen kann, da er vorgibt, daß das ganze Sein auf den Bereich des Intellekts beschränkt wäre. Manchmal kommt er auch ganz charmant daher, aber nur, wenn er in bestimmten Situationen bewußt eingesetzt wird (Pause), wenn beispielsweise zwei Erwachsene beim Kaffee hirnwichsen (geistig ihre Klingen kreuzen). Doch wenn es sich um eine reine Reaktion handelt, dann ist Vorsicht geboten.

T: Ich habe seinen Namen gerade in »Karl Kopfkiller, die smarte Bombe mit den kalten Augen« geändert.

Nörgelnora:

T: Mir kam der Name »Nörgelnora«. Sie nörgelt und nörgelt und nörgelt noch mehr. Unglücklicherweise sagt sie damit immer die Wahrheit.

O: Da bin ich mir ganz sicher. Es ist jedoch nicht von Bedeutung, ob sie die Wahrheit sagt, sondern wie sie die Wahrheit sagt.

T: Die kommt auf völlig logische und intellektuell gerechtfertigte Weise heraus. Sie ist völlig im Kopf und legt die Sätze konstant und gekonnt wie Schlingen um ihre Beute.

O: Gib uns ein Beispiel, wie sie spricht.

T: Sie sagt: »Dies, das und jenes und das auch noch ... ist unannehmbar aufgrund von diesem, jenem ... und vielem anderen«, und dies ohne Punkt und Komma. Und das geht so weiter, bis ich es nicht mehr hören kann.

O: Wie klingt ihre Stimme?

T: (wie eine alte Hexe) Dies ... und das ... weil ... und du solltest auch ... dieses ... und ... jenes!

O: Großartig! Und diese Bewegungen ... wunderbar. Übertreibe sie ein wenig, einfach zum Spaß! Mach das noch einmal mit den Worten, der Stimme, den Körperbewegungen und der Haltung. Stehe auf und bringe all das zusammen.

T: (beugt sich ein wenig in der Hüfte, verdreht die Augen, runzelt die Stirn und schneidet mit den fuchtelnden Händen quadergroße Stücke Luft aus dem Raum, und das bei fast jedem verbal hervorgestoßenen Wort) Du ... hast dies getan ... und dies ... und das auch! ... Und du weißt ... ganz genau .... daß das ... und das ... passiert... wenn du ... dies oder jenes ... tust! Du willst immer das ... und dies ... aber... du ... mußt... genau das tun, he!

O: Herrlich, du scheinst sie sehr gut zu kennen.

T: Das tue ich, und irgendwie mag ich sie. Sie ist nicht nur eine dumme Kuh, sondern hat gute Eigenschaften. Ich werde sie in diesem Prozeß doch nicht ganz verlieren, oder?

O: Keine Sorge! Dieser Aspekt deines Egos ist nicht von Natur aus gut oder schlecht, und es geht hier jetzt auch nicht darum, ihn in der einen oder anderen Weise zu bewerten. Du kannst ihn ohnehin nicht zerstören oder eliminieren. Diesen Krieg kannst du nicht gewinnen. Und das Ego hat auch einen Wert. Du könntest auf dieser Welt nicht ohne überleben. Es geht hier nur darum, sich dieses besonderen Aspektes deines Egos bewußt zu werden und zwischen ihm und dem zu unterscheiden, was du außerdem noch bist.

An diesem Punkt möchte ich, daß du dich auf den Namen deiner Kreatur oder deines Charakters konzentrierst, wenn du das noch nicht getan haben solltest. Wenn du einen zufriedenstellenden gefunden hast, dann schreibe ihn als Titel über das gemalte Bild.

Vor einiger Zeit wurde ich aus den Tiefen meines Arbeitszimmers, wo ich dieses Buch schreibe, zum Essen gerufen. Meine Tochter Sandra war aus der Schule zurück, mein Sohn Alexander von seinen Morgenstunden mit dem Babysitter, und meine Frau Sabine war definitiv in einem veränderten Bewußtseinszustand. Um genauer zu sein: Sie war ein totales Wrack! Ich fragte sie einfach, wie es ihr ginge. Sie versuchte zu erklären:»Ich bin den ganzen Morgen wie ein kopfloses Huhn herumgerannt ... ich komme heim und muß als erstes den Streit zwischen Sandra und ihren Freundinnen schlichten. Kaum mache ich mich daran, Sandra bei ihren Hausaufgaben zu helfen, läßt Alexander das Eis, das ich ihm gekauft habe, mit der leckeren Seite nach unten auf den Teppich fallen. Während ich am Aufwischen bin, klingelt das Telefon, an dem meine völlig verzweifelte Freundin ist, verzweifelt über ihre Freundin, eine sich gerade erholende Alkoholikerin, deren Alkoholismus sich gerade erholt hatte. Richtig? Der Tiefkühlkostverkäufer klingelt an der Tür, übergibt mir sechs Schachteln Nasi-Goreng und zwölf weitere Tüten Eiskrem, die Alexander auf den Boden werfen kann. Dann möchte er meine Einkaufsliste fürs nächste Mal. Ohne zu schauen, greife ich sie vom Tisch, stopfe sie ihm in die Hand und schlage ihm die Tür vor der Nase zu mit der Entschuldigung, ich müsse mich beeilen, bevor die Suppe überläuft. Ich komme zu spät. Alexander schreit. Die Türglocke klingelt, und der Tiefkühlkostverkäufer steht da mit einem Küchenhandtuch voll geschmolzener Eiskrem in den Händen und fragt mich noch einmal nach der verdammten Liste ... Und du willst von mir wissen, wie es mir geht?!« Dann begann sie zu weinen. Obwohl die Szene ein bißchen übertrieben gezeichnet ist, kann man das beschriebene gesunde Ausdrucksverhalten auch als das betrachten, was gewöhnlich ein zerstörerisches Muster in Beziehungen genannt wird. Es hängt natürlich alles von der jeweiligen Wahrnehmung ab, oder nicht? Wenn ich den Ausbruch als persönlichen Angriff gewertet und »auf ihre Reaktion reagiert« hätte, wer weiß, wie am Ende der Diskussion die Umgebung ausgesehen hätte. Als sich der Staub langsam verzog, erinnerte ich mich, daß in etwa »diese Zeit des Monats« sein müßte. Und tatsächlich war diese Unfähigkeit, mit Streß umzugehen, eine charakteristische Folge des PMS (prämenstruelles Syndrom) etwas, was häufig kurz vor oder während ihrer Periode auftritt.

PMS (Prämenstruelles Syndrom) als Vergrößerungsglas

Laut Stephanie Degraff Bender und Kathleen Kelleher (in ihrem Buch PMS - *A Positive Program to Gain Control,* empfehlenswert für Männer und Frauen)[4] ist das PMS eine körperliche und medizinisch bedeutsame Störung, die »hormonellen Schwankungen« im Körper der Frau zugeordnet wird. Fachbücher führen mehr als 150 mit dem PMS verbundene Symptome an, darunter Ermüdungserscheinungen, Depressionen, innere Spannungen, Kopfschmerzen, Stimmungswechsel, Verwünschungen, etc., obgleich es manchmal auch eine positive Erfahrung nach sich zieht. Interessant finde ich Statistiken, die Bender und Kelleher anführen: Ein Großteil der medizinischen Forschung zeigt, daß 40% aller Frauen in irgendeiner Phase ihres Lebens unter dem PMS leiden. Andere Forscher berichten, daß 85-90% aller Frauen unter PMS leiden, solange sie menstruieren.
Die Autorinnen weisen weiter darauf hin, daß es »eine zyklisch bedingte Störung ist und daß zyklische Störungen jederzeit im Leben auftreten können. Von daher können entgegen der allgemeinen Vorstellung auch Frauen unter PMS-Symptomen leiden, die nicht menstruieren.« Das betrifft Frauen, die stillen, Frauen in den Wechseljahren und selbst Frauen, die sich einer Hysterektomie (Entfernung der Gebärmutter) unterzogen haben! Und ob-

gleich das PMS in fast allen Lebensphasen wirksam werden kann, »ist der Zeitraum, wo Sie am ehesten erheblich von dem PMS beeinträchtigt werden können, der in den Dreißigern«. Aus diesem Grund wird das PMS als das »Mitte-Dreißig-Syndrom« bezeichnet. Es kann daher kaum verwundern, daß ein Großteil von Schwierigkeiten im Rahmen persönlicher Beziehungen genau in diese Altersgruppe entfällt.

Ich bringe hier das PMS deshalb ins Spiel, weil ich damit noch einen weiteren Faktor ins Blickfeld rücken möchte, der die menschliche Seele und daher Partnerschaften, an dem menschliche Seelen teilhaben, beeinflußt. Daß dies etwas ist, an das wir uns von Zeit zu Zeit selbst und auch gegenseitig erinnern sollten, obgleich die meisten Männer und Frauen damit an irgendeinem Punkt ihrer Entwicklung direkt oder indirekt konfrontiert waren. Das PMS kann behandelt werden. Wenn wir seine Auswirkungen in unserem Leben betrachten, kann es darüberhinaus als Vergrößerungsglas dienen, mit dessen Hilfe zerstörerische Muster genauer untersucht werden können.

Das PMS ist zwar eine körperlich bedingte Störung, seine Folgen reichen jedoch gewiß weit in psychologische und emotionale Aspekte nicht nur der Welt der Frau, sondern auch der Welt des Partners hinein. Wenn du als Frau feststellst, daß deine Einstellung, deine Gefühle und dein Verhalten manchmal plötzlich, wenngleich periodisch, eine vertraute Wendung zum Schlechteren nehmen und dabei Schlamassel, Verwirrung und Spaltung in deiner Partnerschaft verursachen, dann bist du möglicherweise ein Opfer des PMS. Ob du es nun glaubst oder nicht, ein Glücksfall - zumindest wenn du nach einer Bestätigung für deine Antwort auf Frage Nr. 4 suchst.

Der Kontext ist der, daß für viele Frauen, die tatsächlich typische Reaktionen darauf, daß sie nicht bekommen, was sie erwarten, unter dem Aspekt des PMS keineswegs ändert - abgesehen davon, daß diese Reaktion in PMS sehr viel stärker und übertriebener ausgeprägt sein kann. Wenn du also zu den Frauen mit Erfahrungen mit Symptomen in PMS gehörst, dann schau dir einmal ehrlich an, welche Reaktionen (gegenüber dem Partner, um den es hier in diesem Prozeß für dich geht) in den Zeiten, von denen du glaubst, daß das PMS dich beeinflußt haben könnte, die auffallendsten waren. Eine sorgfältige und ehrliche Selbstbetrachtung bezüglich solcher Zeiten kann dir helfen, die Reaktion genauer zu identifizieren, da diese physisch bedingte Störung typische psychologische und/oder emotionale Reaktionsmuster häufig verschärft. Umgekehrt kann diese Form von Bewußtheit dir helfen, sowohl mit dem PMS als auch mit deiner generellen Reaktionsbereitschaft sinnvoller und wirksamer umzugehen.

Dialog in der Gruppe

Prinzessin Tragödie:
T: Mein zerstörerischer Charakter hier hat viele Möglichkeiten des Ausdrucks, von dem die meisten irgendwo im Bereich der Hysterie liegen. Solange es ein Schauspiel ist ... solange es eine wirkungsvolle Vorstellung ist, die meinem Partner Schuldgefühle macht, ist dieser Charakter erfolgreich.
O: Welche Emotionen spielen da meistens eine Rolle?
T: Oh, alles... großer Schmerz, das Leid der Traurigkeit, vulkanische Wut ... alles!
O: Du sagst das mit sehr viel Energie ... wie wenn du von einem aufregenden Film berichten würdest, da steckt viel Enthusiasmus dahinter, wie wenn du es genießen würdest, das Drama zu kreieren - wie beim Malen eines wilden Bildes, auf das du in geradezu psychedelischer Art die grellsten Farben klatschst, die du im Moment finden kannst.
T: (Gelächter) Das ist wirklich wahr. Mir scheint, ich liebe es, so zu sein. Aber, ich sage dir, ich fange auch an, die negativen Ergebnisse zu sehen (Pause) ... Ich meine ... es ist, wie wenn ich meinen Partner lebenslänglich zu einer Opernvorstellung verdonnern würde, bei der er in der ersten Reihe direkt vor dem Orchester angekettet ist.
O: Was sagt die Opernsängerin tatsächlich hinter all dem Drama?

T: Hinter allem steht: »Schau, was du mir angetan hast ... das ist deine Schuld!« Und zu diesem Grundthema tanzt sie einen hervorragend choreographierten Tanz, um es zu beweisen.

O: Also ist es eine »Sie«. Sie singt dramatische Arien und ihre ganze Vorstellung, bei der sie hysterisch nach Luft schnappt, ist dazu da, daß ihr Publikum weiß, daß es Schuld hat an ihrer schrecklichen Tragödie. Großartiges Bild! Wie heißt sie?

T: (Pause) Nun, sie ist die wandelnde Tragödie ... »Tanja Tragödie«. Nein, das ist es noch nicht.

O: Wie wäre es mit »Wandelnde Tragödie« (Pause) ... oder »Tragische Magda«?

T: Nein, das klingt mir zu sehr nach jemandem, der noch nicht einmal auf einer Tupper-Ware-Party verkaufen kann. Es müßte etwas Edleres sein, vielleicht sogar Königliches. Schließlich kommt sie aus einer langen Linie tragischen Blutes und scheint doch zugleich unschuldig genug für eine Prinzessin. Das ist die Tragödie. Moment, das ist es! »Prinzessin Tragödie«.

O: OK. Eine letzte Frage noch: Ist sie eine Heldin? Repräsentiert sie symbolisch einen Aspekt in deinem menschlichen Drama, der durch ihr Leiden eine Entwicklung durchmacht? Oder verkörpert sie einen Rückschritt, indem sie im dunklen Loch des Unbewußten versinkt, zerstörerische Wiederholung nur zur Sicherheit, einfach weil du die eindrucksvolle Art magst, wie sie Arien singt?

T: Wann ist das Mittagessen?

Queen Sorbet:

T: Wenn ich von ihm nicht bekomme, was ich will, dann ziehe ich mich zurück und werde in jeder Weise unerreichbar. Ich bin ganz überlegen und sehr cool. »Queen Sorbet« ist der Name meiner Wahl.

O: Ein wunderbarer Name dafür. Sei einfach vorsichtig, wenn du das Wort »ich« benutzt. Im Augenblick wollen wir zu dieser Gewohnheit Distanz einlegen, aber wenn du das Wort »ich« benutzt und dich dabei auf diesen Charakter beziehst, dann beschwörst du das Gegenteil: daß »sie« nämlich »du« ist. Im Augenblick wäre es viel besser, du würdest die Worte »sie«, »ihr« oder »es« benutzen, wenn du über den Charakter sprichst, der deine Neigung verkörpert.

Es gibt immer noch keine konkreten Anhaltspunkte dafür, daß der Mann in zyklischer Form hormonell so beeinflußt wird, daß es seinen psychologischen Zustand ernsthaft verändert, obwohl diesbezüglich einige Forschungen gemacht worden sind. Dennoch könnte man beim Vergleich mit bestimmten unregelmäßigen Bewußtseinszuständen des Mannes Parallelen zu dem ziehen, was Frauen mit dem PMS erleben.

Besonders wenn ein Mann sich eine Verletzung zuzieht oder krank wird, geht innerlich der Alarm los: »Alarmstufe rot... Wer geht auf die Jagd, wenn ich sterbe?« Da scheint so etwas wie ein eingebautes, fast instinktives Verantwortungsbewußtsein des typischen Beschützers und Clanvaters zu existieren - wie wenn er ausschließlich dafür zuständig wäre, ob genügend frisches Fleisch vorhanden ist, ein intaktes Verteidigungssystem gegen Feinde und Militär aller Art und das sichere geborgene Gefühl in der Höhle selbst.

Andererseits sind junge Männer dafür bekannt, daß sie in bedenklichem Maße für Tod und Krankheit anfälliger sind als Frauen. Vielleicht sind sich die Männer dessen unbewußt gewahr und fühlen sich daher unnötig bedroht, wenn sie in irgendeiner Form aus ihrer Leistungsfähigkeit gerissen werden. Da muß man sich fast fragen, ob das etwas mit den allgemeinen heftigen Reaktionen zu tun hat, die kleine Jungs im Vergleich mit kleinen Mädchen selbst auf kleine Tragödien des Lebens zeigen, wie ein aufgeschürftes Knie.

Kombiniert könnten diese beiden Einflüsse einen Siedeeffekt auf die männliche Psyche haben - wie in einem Teekochtopf. Man versetze den Tee mit ein wenig Testosteron, einem Hormon, von dem man weiß, daß es eine ursächliche Funktion im Zusammenhang mit Aggression und Dominanz hat, und der Teetopf muß Dampf ablassen. Der Hormonspiegel dieses Hormons ist beim durchschnittlichen Mann wesentlich höher als im Hormonsystem der Frau - und das nicht nur einmal im Monat, sondern die ganze Zeit. Diese Kreatur, die einerseits den Beschützer spielen muß, andererseits angesichts von ein paar Tropfen des eigenen Blutes in Panik gerät, könnte heute ein wenig in Verwirrung geraten. Erst im letzten Jahrhundert etwa haben die Männer begonnen, die offenbar so begehrte Position des Beschützers mit Frauen zu teilen. Das bedeutet jedoch nicht, daß der tiefverwurzelte »Instinkt« nicht mehr da wäre. Und wenn dieser »Instinkt« durch eine Leistungsunfähigkeit des Mannes (oder durch irgendeinen Grund, der ihn real oder befürchtetermaßen von der Erfüllung seiner Pflichten gegen seinen Willen abhalten könnte) bedroht ist, dann werden zerstörerische Muster aufs beste aktiviert. Dies ist eine ausgezeichnete Gelegenheit, einen Blick auf die tatsächliche Natur des negativen Charakters zu werfen, der sich dahinter verbirgt.

Als Mann bist du deshalb aufgefordert, dir mal ehrlich anzuschauen, welche heftigen Reaktionen (gegenüber dem Partner, auf den du dich in diesem Prozeß konzentrierst) in den Zeiten am auffälligsten waren, wo du krank warst, behindert oder subjektiv unfähig in der erwähnten Form. Das gilt auch für kurze Perioden dieser Art. Eine sorgfältige und ehrliche Selbstbetrachtung in bezug auf solche Zeiten kann dir helfen, deine Reaktion genauer zu identifizieren.

Siegfried Stier:
T: Zunächst geht mein Charakter einfach in die Depression, hängt herum und hofft selbstmitleidig darauf, daß sie es merkt. Damit bekommt er jedoch nie ihre Aufmerksamkeit. Dann wird er mit Worten richtig brutal und hinterläßt in ihrem kleinen Herzen mit Hilfe seiner Zunge tiefe Wunden. Er malträtiert mit Worten.
O: Mit was für Worten?
T: (Pause) Worte, die sie hinsichtlich dessen beschämen, wer oder was sie ist. Ich nenne ihn »Siegfried Stier«, weil sein Angriff fast immer trifft.

Es gibt noch ein paar andere Einflußfaktoren, die sowohl Männer als auch Frauen betreffen, Einflüsse, die deine zerstörerischen Muster übertreiben können und dich daher in die Lage versetzen, sie in der Retrospektive genauer und klarer zu sehen. Große Mengen Alkohol bringen im Menschen für gewöhnlich das Schlechteste zum Vorschein. Die Kreatur oder der Charakter schlüpft langsam unter dem Deckmantel der Kontrolle hervor, der so gnädig über ihm ausgebreitet war. Auch Zeiten intensiven Stresses sind vielleicht schon mit Horrorszenarien aus deinem Verhaltensrepertoire einhergegangen. Je nach der persönlichen Toleranzschwelle kann eine Lebensführung, die von sehr viel Druck geprägt ist, vielfach zu extremen Energielöchern führen. Eine weitere verbreitete Brutstätte für inadäquates Zurückschießen ist das Wetter. Es ist bekannt, daß verhangene, dunkle Tage manche Menschen sehr negativ beeinflussen. Dies geht so weit, daß besondere Therapien entwickelt worden sind, die darauf beruhen, daß das Bedürfnis nach mehr Licht künstlich erfüllt wird. Zieh deine eigenen Parallelen zu diesen und anderen, ähnlich beeinflussenden Beispielen aus deinem Leben, während wir fortfahren.

Rituelles Theater
(eine Aussage dir selbst gegenüber)

Während dieses Teiles unseres gemeinsamen Prozesses lösen wir die Identifikation mit besonderen, zerstörerischen Neigung. Im Augenblick glaubt ein Teil von dir immer noch, er oder sie sei diese Kreatur oder dieser Charakter, oder du seist es. Du hast dich mit dieser Neigung identifiziert. Doch nun wollen wir einfach einen Schritt zurücktreten und einmal ein Weilchen damit spielen. Wir isolieren diesen Charakter, nehmen ihn uns vor und schauen, wer oder was er ist. Eine der wirksamsten schnellsten Wege, die ich dafür kenne, ist die Kreaturisation, wie sie schon beschrieben und begonnen wurde.
Aber die Kreaturisation ist nicht damit beendet, daß wir ein Bild und einen Namen dafür haben. Die Schlußphase beinhaltet die Verkörperung dieses Charakters in dem, was wir »rituelles Thea-

ter« nennen. Und das bedeutet, diesen Charakter wirklich zu spielen und auszuagieren. Wir wollen zunächst jedoch das Wort »Ritual« definieren und unser Vorgehen und unsere Sichtweise in dieser Art von Theater festlegen. So, wie ich es in diesem Kontext definiere, ist Ritual eine bewußte Aussage, die du durch den Bereich der physischen Wirklichkeit hindurch an dein unbewußtes Selbst richtest. In diesem Fall kann eine solche Aussage etwa folgendermaßen lauten: »Ja, ich will mir selbst zeigen, daß diese Kreatur, dieser Charakter nicht der ist, der ich bin.« Die Art, wie du diese Aussage in physischer Form und nicht nur durch wiederholte Affirmationen zum Ausruck bringen könntest, ist, es dir zu beweisen, indem du diesen Charakter und damit diese Neigung lächerlich machst! Du zerrst ihn ans Licht, so daß du und jeder, der sonst noch zuschauen möchte, ihn klar sehen und über ihn lachen kann. Wenn du diese Aussage auf eine so bodenständige Art machst, dann lernst du, daß es keinen Grund gibt, diesen Charakter zu fürchten oder vor ihm davonzulaufen. Um zu überleben und die Kontrolle zu behalten, muß er sich im trüben Wasser des Unbewußten bewegen. Sobald du dir seiner - und das gilt für jedes Verhaltensmuster - bewußt wirst, ihn erkennst und ihn lächerlich machst, stirbt er wie ein Fisch auf dem Trockenen. Er verliert seine Kraft über dich, weil du dich nicht mehr mit ihm identifizierst. Wenn du die zerstörerischen Aspekte, die in dir lauern, mit einem gewissen Maß von Ehrlichkeit und Leichtigkeit ausagieren und demonstrieren kannst, dann zeigt das, daß du sie nicht allzu ernst nimmst und einen gewissen Grad von Befreiung aus ihrem Würgegriff erreicht hast.

Deshalb möchte ich dir jetzt Gelegenheit geben, in diese Kreatur oder diesen Charakter förmlich hineinzuspringen und dir Zeit zu nehmen, ihn oder sie wirklich aktiv zu spielen. Ich weiß, die meisten Menschen reagieren auf einen solchen Vorschlag, wie wenn etwas Dummes oder Beschämendes von ihnen verlangt würde. Zieh einfach die Vorhänge zu, schließ die Tür ab - tu, was immer du tun mußt, damit du dich bei diesem Experiment wohlfühlen kannst. Begib dich vielleicht vor einen mannshohen Spiegel, um ein unmittelbares Feedback zu bekommen. Ergreife diese Chance, geh dieses Risiko ein - du wirst dich viel besser und freier fühlen damit, wenn du das Ding gespielt hast. Fühl dich einfach direkt in die einzigartige Energie dieses besonderen Charakters ein und verkörpere ihn überlebensgroß. Du kannst wiederum lediglich mit den Worten beginnen, die er oder sie immer sagt, die Stimme nachahmen und die Gedanken zum Ausdruck bringen, die er oder sie hat. Laß das dann in deinem Gesicht zum Ausdruck kommen und übertreibe. Die Übertreibungen sollen so weit gehen, daß das Ganze so lächerlich und witzig wie möglich wird. Beziehe schließlich den ganzen Körper mit ein, um Ausdruck und Bewegung dieser Kreatur in Wort und Tat zu verkörpern.

Viel Spaß macht das auch zusammen mit anderen Menschen, die an diesem Prozeß teilhaben. Mein Vorschlag wäre der, andere Menschen, Freunde von dir, zur Lektüre dieses Buches zu bewegen und diese Übung zusammen zu machen. Ihr werdet euch vor Lachen auf dem Boden wälzen. Wage es und nimm diese Herausforderung an und spring einfach. Leg dich ins Zeug!

Wenn du in der vorgeschlagenen Weise mit anderen Menschen zusammenarbeitest, dann sei an einem Punkte vorsichtig. Nenne nie den Namen ihres Charakters, nicht einmal im Scherz, um so einen Freund anzusprechen. Wir wollen uns des-identifizieren und nicht re-identifizieren. Und erst recht sollst du den Namen des Charakters der anderen niemals als Waffe oder in sonst einer üblen Art gegen sie benutzen. Benutze ihn nur, wenn du allgemein darüber sprichst oder wenn ihr die Abmachung getroffen habt, daß ihr euch gegenseitig erinnert, falls sich der Charakter im Alltag zeigt. In einer Atmosphäre von Liebe und Respekt kann er sozusagen als Codewort dienen, das einen Augenblick des Wiedererkennens und der Bewußtheit herstellt.

Gabrielle Roth ist die Frau, der ich ewig und tief dafür dankbar bin, daß sie mir mit Hilfe solcher Werkzeuge geholfen hat, mein Leben zu ändern. Von den späten 70er Jahren bis zu den 80ern durfte ich bei ihr, einer Schamanin des Herzens und tiefgründigen spirituellen Lehrerin, hospitieren. In ihrem Buch »Das befreite Herz - Die Lehren einer Großstadt-Schamanin aus New York: Rituale für Körper, Geist und Seele«[5] enthüllt ihren einzigartigen Weg der Erforschung und Entdeckung dessen, wie schamanische Prinzipien auf tiefgreifende Weise in unseren Alltag integriert werden können. Indem sie sich auf das bezieht, was sie die vierte scha-manische Aufgabe nennt, unterstreicht Gabrielle die Not-wendigkeit, die Seele dann zu erwecken, daß sie »den Unterschied zwischen dem Wirklichen und dem Unwirklichen in uns und an-deren« sieht. Aus der Seele zu leben, statt aus dem Ego. Ich erinnere mich besonders an einen Tag, als die kleine Kern-gruppe von zehn Schülern, zu der ich gehörte, wie so oft zu einem Kreis zusammenkam. An einem Punkt von Gabrielles Rede ...

flog ihr Kopf herum,
ihr tiefschwarzes Haar flog mit,
wild, wie Schwingen eines Raben in Zeitlupe,
stahlblaue Augen schauten durch dieses Haar
fast wie ein Radarstrahl
mein Gesicht gefror ... mein Atem stockte.

Sie hielt den Kopf unschuldig schräg und sagte ganz einfach: »Otto, du bist ein Feigling.« Das war das Ende. Für mich brach eine Welt zusammen. Woher wußte sie das? Obwohl ich glaubte, ich hätte es gut verborgen, durchschaute sie meine Maske und enthüllte mein dunkelstes Geheimnis ... legte den Finger in mei-ne tiefste Wunde. Diese Erfahrung werde ich sicher nie verges-sen. Sie war der Beginn einer unglaublichen Verwandlung in den darauf folgenden Jahren.
Ja, ich war ein Feigling. Ein Beispiel dafür war, daß ich in meinem erwachsenen Körper immer noch wie ein kleiner Junge nett und höflich sein mußte. Ich hatte Angst davor, nicht nett zu sein, weil ich dadurch von anderen nicht angenommen oder gemocht zu werden fürchtete. Aber es bedeutete eben, daß ich nicht unnett sein konnte, selbst da, wo es angemessen gewesen wäre. Es war mir buchstäblich unmöglich, Wut oder Unzufriedenheit voll und klar auszudrücken, oder meine Ängste und Schwächen zu zeigen. Aus diesem Grunde verbrachte ich mein erstes Jahr mit Gabrielle in dem, was sie die »Bedingung der Trägheit« nennt und was ich einen Zustand ständigen Leidens nennen würde! Vorzugeben, je-mand anderer zu sein, oder, um es noch deutlicher zu sagen, sich hinter einer Maske zu verstecken, ist nicht nur Energieverschwendung, sondern auch außerordentlich schmerzhaft, da die

Lebenskraft blockiert ist, der Körper sich zusammenzieht und das Herz sich verkrampft. Aber selbst das war nicht genug, um wach zu werden - Gabrielles Ohrfeige erfüllte den Zweck. Aus diesem betäubenden Moment der Erniedrigung entstand atompilzartig ein Raum der Freiheit, in dem ich zur Wahrheit vordringen konnte. Die Wahrheit ist: Es ist keineswegs schlimm, daß ich zur Feigheit neige.

Ganz im Gegenteil, wie ich herausfinden konnte: Es war nur gut und richtig, sich dieser Neigung bewußt zu werden. Je mehr ich mir dessen bewußt war, desto wacher war ich, wenn sie auftrat. Mit Hilfe der geliebten Brüder und Schwestern dieser Gruppe und unter der Führung von Gabrielle erlebte ich in einem explorativen und experimentellen Theaterprozeß, in dem ich diesen Feigling und seine vielen Gesichter verkörperte, wie er dachte, fühlte, lief, sprach, atmete oder nicht.

Später kam ich an den Punkt, daß ich den Feigling auf eine Meile wittern konnte! Er hinkt fürchterlich und zieht ein Bein nach und schleift es über die Korridore, die zum zweiten Eingang meiner inneren Bühne führen. Ohne zu klopfen, pflegte er einfach hereinzukommen, auf die Bühne zu taumeln und die Schau an sich zu reißen. Das Traurige daran war, daß ich es nicht einmal wußte! Jetzt aber ist mir seine Stimme wohlvertraut, da sie ständig so monotones Zeug murmelt wie: »Ich glaube nicht, daß ich das schaffe ... Was, wenn ich total versage? ... Man wird mich nicht mehr mögen.« Er sagt immer dasselbe, weshalb es nicht sehr schwer ist zu erkennen, wer da grade spricht und handelt. Wenn er dann an die Bühnentür kommt, dann warte ich schon. Er klopft an eine verschlossene Tür. Wie wenn ich den Besuch eines unerwünschten Vertreters vorausgesehen hätte, öffne ich und sage: »Nein danke, das brauche ich nicht - und verschwinde!« Er dreht sich um und hinkt denselben Korridor entlang wie gestern und vermutlich auch morgen noch. Es ist keine sinnvolle Vorstellung, den Glauben zu hegen, daß eine Neigung, die du dein ganzes Leben gehabt hast, einfach über Nacht verschwindet, bloß weil du sie in ein Bild faßt, ihr einen Namen gibst und sie ausagierst. Sie wird nie verschwinden, gleichgültig, was du tust! Und es ist besser, wenn du diese hohe Wahrscheinlich akzeptierst und damit umgehen lernst. Die Neigung wird sich nicht verändern, aber die Quantität und

Qualität deiner Bewußtheit davon. Das wiederum gibt dir, was du brauchst, um diesen Charakter zu fassen zu bekommen, bevor du völlig davon besessen bist (von der Neigung bis zu einem Grad beherrscht bist, bis es zu spät ist, sie umzupolen).

Ein Großteil der zerstörerischen Natur dieses Charakters ist natürlich der einfachen Tatsache zuzuschreiben daß er so unbewußt immer wieder auftritt. Je mehr du dir seiner bewußt wirst, desto eher kann es geschehen, daß du Lust hast, absichtlich die Tür zu öffnen und ihn in Aktion umzusetzen (auf den Plan zu rufen), um einen gewünschten Effekt zu erzielen oder einfach nur zum Spaß. Die Voraussetzung dafür ist sowohl ein höheres Bewußtseinsniveau als auch deine Absicht, die dich befähigen, zwischen dir und diesem Charakter zu unterscheiden.

Hier wird deutlich, was Gabrielle unter dem »heiligen Schauspieler«[6] versteht, wenn sie sagt: »Das ist der Unterschied zwischen Seele und Ego. Die Seele spielt das Selbst so wie ein vollkommener Schauspieler einen Charakter spielt - losgelöst und dennoch völlig darin aufgehend.« Wenn du beispielsweise die Aufgabe hättest, einem außergewöhnlich ungebärdigen Haufen von Pubertierenden die Kunst des Bogenschießens beizubringen und dabei die Möglichkeit im Auge hättest, daß sie dann aufgrund ihres Verhaltens jemanden verletzen könnten, dann ist vielleicht ein Charakter wie die »nörgelnde Nora« die geeignete Kandidatin auf der Bühne! Zieh das Kostüm an und dann zieh es wieder aus. Gabrielle erklärt das weiter, indem sie darauf hinweist, daß in unserer Kultur »die meisten sozialen Interaktionen auf der Ebene des Egos ablaufen und wir die eine oder andere Rolle spielen müssen. Wir müssen das Spiel spielen, um effizient zu funktionieren. Wir müssen jedoch erkennen, daß es nur ein Spiel ist und frei entscheiden, wann und wie wir es spielen, wenn wir nicht unsere Seele verlieren wollen«.

Zeugenschaft ist der erste Schritt, um bei der eigenen Show immer der erste Star zu sein: dein Ego mit Distanz zu betrachten. Lerne den Charakter, den du da festgenagelt hast, so gut kennen, daß du ihm verbieten kannst, die Bühne zu betreten, auf der du dein Lied singst, deinen Tanz tanzt und bewußt dich im Theater des Lebens spielst, ebenso wie in Beziehung zu allen darin auftretenden Partnern.

OK. Da du immer noch an Bord unseres Dampfschiffes bist, das den Fluß hinunterstampft, nehme ich an, daß du einer von den Menschen bist, die nicht nur jede Menge Chuzpe haben, sondern auch die Bereitschaft, ehrlich in den Spiegel zu schauen. Weil du erfolgreich mit der dunklen Seite deiner Beziehung mit Partner XY umgegangen bist (deiner Abhängigkeit, deiner verdeckten Investitionen, deinen Ängsten und den zerstörerischen Ergebnissen), meine ich, verdienst du jetzt eine Art Bestätigung oder Diplom, das du dir in deiner Seele an die Wand hängen kannst. Also setze in der folgenden Urkunde deinen Namen ein.

Auszeichnung für tanzende Matrosen

Mit meiner Ankunft in der Mündung
des Mondflusses beende ich
erfolgreich die abwärtsführende Reise
von einfachen Erwartungen bis zur
völligen Zerstörung (von nun an geht
es nur noch aufwärts).

Herzliche Glückwünsche
und viel Glück im Meer der Sonne!

Verliehen von und an

_____

Tag. _____

im Jahre _____

Wenn du allerdings dieses Buch lediglich gelesen haben solltest, ohne deine Antworten aufzuschreiben und die Übungen zu machen, dann signiere diese Urkunde noch nicht, sondern tue dir einen großen Gefallen: Halte hier inne, gehe zurück und beantworte die Fragen!

Die Reise flußabwärts hat uns trotz oder wegen ihrer manchmal unangenehmen Perspektiven darauf vorbereitet, uns nun der helleren Seite der Dinge zuzuwenden. Im nächsten Kapitel werden wir die Segel setzen und Kurs in unerforschte Gewässer nehmen, in unbekanntes Territorium. Indem wir den Fluß hinter uns lassen, gleiten wir in einen Ozean von Möglichkeiten, von denen du angenehm überrascht sein wirst, einige zu entdecken.

Teil 2
Die Sonne
Die helle Seite

KAPITEL 7

Phantastische Möglichkeiten

Frage Nr. 5:
Was würde ich im Wissen, daß ich keinen Fehler machen würde oder könnte, stattdessen (an Stelle von Nr. 4) zu tun versuchen, wenn meine Erwartung nicht erfüllt wird?

Das Ziel bei der Beantwortung der obigen Frage soll nicht sein, die dabei zweifelsfrei auftauchenden kreativen Alternativen zu deinen zerstörerischen Mustern in deiner Beziehung direkt in das Repertoire der persönlichen Verhaltensweisen zu übernehmen. Tatsächlich ist deine Antwort auf Frage Nr. 5 an diesem Punkt keinesfalls etwas, das du zu integrieren versuchen solltest. Dieser Ansatz gibt dir unbegrenzt Gelegenheit zu träumen, deiner Phantasie völlig unerschrocken freien Lauf zu lassen und absolut positive Visionen dafür zu finden, »wie die Dinge sein könnten, wenn ...«

Stell dir mit einer hundertprozentigen Erfolgsgarantie für alle auf dich zutreffenden Bedingungen spielerisch vor, daß du in der Lage bist, dein typisches zerstörerisches Reaktionsmuster zu vermeiden und es in einer bewußten Aktion durch einen konstruktiven Beitrag zu ersetzen. Welche hypothetische Aktionsrichtung würdest du wählen?

Male dir folgendes aus. Deine Bezugsperson verhält sich wie üblich, du bekommst nicht, was du erwartest, und merkst, wie du in diese alte Gewohnheit verfällst, die du so gut kennst. Du bist dir dessen völlig bewußt, daß du mit dieser Reaktion keineswegs das bekommst, was du wirklich willst, aber du hast keine Ahnung, was du stattdessen in dieser Situation tun könntest. Plötzlich erscheint eine gute Fee aus dem »Königreich der phantastischen Möglichkeiten«. Ihr Schleier berührt fast deine Augen, sie streut Feenstaub über deinen ganzen Körper und sagt mit betörender Stimme: »Dein Wunsch ist mir Befehl. Was auch immer du ersehnst, es wird in Erfüllung gehen.« Du könntest überrascht und erleichtert antworten: »Oh, super! Mach doch bitte, daß meine Bezugsperson mir gibt, was ich erwarte!« Vielleicht bist du aber doch einer der Menschen, die einen Funken mehr persönlicher Verantwortung übernehmen, Don Quixottes schmählichen Tod rächen und es wagen, den »unmöglichen Traum zu träumen«. Vielleicht hast du Lust, dich der Macht des Unvorhersagbaren in bezug auf dich selbst zu bemächtigen.

In gewisser Weise gehst du von den Grenzen deiner Realität im Verhältnis mit deiner Bezugsperson aus und erweiterst deine üblichen Vorstellungsmöglichkeiten bis zu einer imaginären Grenzenlosigkeit. An einem früheren Punkt dieser Reise haben wir die ziemlich brutale Frage gestellt: »Was ist das Schlimmste, das passieren könnte?« Jetzt fragen wir: »Was ist das Beste, das passieren könnte?« Ziehe nun also Dinge in Betracht, die du für gewöhnlich nicht tust, und Dinge, von denen du nie geglaubt hättest, daß du sie tun könntest, auch wenn du dies immer noch nicht glaubst. Hier betrittst du unbekanntes Gelände und eroberst Räume, in denen du nie zuvor warst. Keine Sorge, du hast eine Rückfahrkarte.

Du hast Möglichkeiten zur Verfügung, von denen du keine Ahnung hast. Das einzige, was dich wie eine Gefängnismauer von ihnen trennt, sind deine Konditionierungen. Die Erfahrungen der Vergangenheit bilden die Grundlage für deinen Glauben an die Grenzen der Gegenwart. Doch diese scheinbaren Grenzen sind einer Backsteinmauer und Gitterstäben vergleichbar, die auf Reispapier gezeichnet sind, so dünn, daß du es mit dem kleinen Finger durchstoßen kannst. Deine Programmierung sagt dir, daß du dir dabei einen blutigen Finger holen wirst, weshalb du es nicht einmal versuchst. Mach dir klar, daß du diese Zeichnung gemacht hast. Mit einem Pinsel aus der Vergangenheit hast du Pinselstriche aus sorgfältig ausgewählten Glaubenssätzen gezogen und diesen Raster über äußerst empfindliche und zerbrechliche Wahrnehmungen von heute gelegt. Wo es in dem lateinischen Wahlspruch »carpe diem« darum geht, den Tag zu nutzen und das Leben zu genießen, kann die eben beschriebene Kunst nur dazu dienen, den Tag zu vernichten und zu sterben.

Du weißt es noch nicht, aber du kannst einfach durch diesen Schirm aus Reispapier hindurchgehen, da er nicht von realer Substanz ist. Nur deine Glaubenssätze aus der Vergangenheit verleihen ihm Substanz. Aber selbst, wenn du wüßtest, daß du einfach hindurchgehen kannst - würdest du? Du weißt nie, was du auf der anderen Seite vorfindest! Und wieder ist es die Angst, die dich festhält. In diesem Falle hält sie vorsichtig an dem Glauben fest, daß es sicherer ist, wenn die Dinge bekannt sind. Wenn du den Glauben aufrecht erhalten willst, daß diese lediglich gezeichneten Mauern und Gitterstäbe deine Begrenzungen sein sollen und daß die Vergangenheit deine »größte« Lehrerin ist, dann wird es zu deiner Lebensaufgabe, die Zeichnungen auf dem Reispapier immer wieder nachzumalen. Wann immer die Farbe - und das tut alle Farbe nach einiger Zeit - abzubröckeln beginnt, greifst du unverzüglich zu Pinsel und Farbe und retuschierst das Ganze mit zitternden Fingern so, daß alles so bleibt, wie es war - für immer! Solcherart fallen wir in zwanghafte Wiederholungen des Charakters zurück, den du im letzten Kapitel sichergestellt hast.

Andererseits kannst du dich entscheiden zu glauben, daß es wertvolle Möglichkeiten gibt, die dir bisher nicht bekannt waren und es auch noch nicht sind. Laß deine Vorstellungskraft für dich in dieser Richtung arbeiten, und sei es nur in der Zeit, in der du Erwägungen zu der oben gestellten Frage Platz einräumst. Dehne die Möglichkeiten deines Bewußtseins in dieser Zeitspanne in einen grenzenlosen Raum aus. Steck deinen Kopf durch das Reispapier und prüfe, was dahinter ist. Dann bist du leicht fähig, Möglichkeiten zu erkennen, die du andernfalls nicht hättest sehen können.

Laß uns doch einmal so tun als ob. Du siehst ein Video von dir selbst und der guten Fee, die immer noch auf eine Antwort wartet. Du drückst die Pausentaste und hältst das momentane Bild fest. Obschon du vielleicht bereits ein paar gute Ideen bezüglich geeigneter Alternativen hast, gibst du dir noch ein wenig mehr Zeit, bevor du dich zu einer Antwort verpflichtest. Stell dir weiterhin vor, du drehst dich um und steckst den Kopf durch eine papierdünne Gefängnismauer, um nach weiteren Antwortmöglichkeiten für diese äußerst geduldige gute Fee zu suchen, die du möglicherweise noch gar nicht in Betracht gezogen hast. »Ratsch«, das Reispapier reißt, und die lächerliche Barriere ist durchbrochen. »Wow!« Was für ein Panorama. - Vielleicht fühlst du dich sogar ein bißchen desorientiert, wie wenn du auf einem anderen Planeten wärst. Gestatte mir, dir mit Hilfe von einigen noch nicht so bekannten »Orten der Kraft und Neugier« neue Orientierungsmöglichkeiten anzubieten, während du auf neue Horizonte blickst.

Orte der Kraft und der Neugier

Erwachendes Bewußtsein, wie wir es nennen, ist nur eine Art von Bewußtsein, über dem - nur durch eine hauchdünne Schicht getrennt - völlig verschiedene mögliche Formen von Bewußtsein liegen.

William James[7]

Der folgende Abschnitt dieses Kapitels beschreibt im Detail eine Reihe von Möglichkeiten (Aktionen) die du für deine Antwort auf Frage Nr. 5 heranziehen kannst. Obgleich zum Teil indirekt überlappend, handelt es sich alles in allem um fünf größere Bereiche, die von A nach E durchbuchstabiert sind. Am Ende des Kapitels werden sie noch einmal im Überblick präsentiert.
Wenn dir manche Erläuterung zu ausführlich erscheinen sollte, bedenke bitte, daß wir uns vorgenommen haben, andere Bewußtseinsräume zu erforschen, in denen ein verborgenes Potential liegen könnte. Gib dir genug Zeit, dich ganz in jede Option / Aktion (und die verschiedenen darin verborgenen Möglichkeiten) zu versenken, während wir uns auf Umwegen an sie herantasten. Auf diese Weise bekommst du ein Gefühl dafür, ob das jeweilige Angebot für dich das richtige ist oder nicht. Und denk dran, es ist alles nur Phantasie. Ich wünsche dir zauberhafte Träume!

Option/Aktion A:
Gute Kommunikation mit Herz

Jeder, der im Laufe der Jahre in diese oder jene Art von spiritueller Arbeit involviert war und mit solchen Kreisen in Verbindung gekommen ist, hat oft genug gehört: »Vertraue auf Dein Herz.« Die alles umfassende Einfachheit, die diese Aufforderung suggeriert, ist jedoch mit Vorsicht zu genießen.

Grob geschätzt - und diese Einschätzung teilen viele Therapeuten - ist ein hoher Prozentsatz, wahrscheinlich etwa fünfundneunzig Prozent dessen, was Normalsterbliche als Gefühl oder Gefühlsausdruck des Herzens erfahren ein Produkt von »Kopfgeburt«. Das, was die meisten Menschen mit »Gefühl« meinen, ist in der Tat die Folge eines Gedankens oder einer Reihe von Gedanken. Nur ein kleiner Prozentsatz, vielleicht fünf Prozent deiner Herzenserfahrung, kann als authentisches Gefühl bezeichnet werden. Mit authentischen Gefühlen meine ich diejenigen, deren Ursprung entweder in einem intuitiv gesteuerten Alarmsystem liegt (wie z.B. Angst als Gefahrensignal) oder einem natürlichen, instinktiven Impuls (wie z.B. Wut, die Grenzen zieht, und Trauer, die einen Verlust beklagt). Ich will keineswegs behaupten, daß diese theoretischen Prozentzahlen natürliche Möglichkeiten widerspiegeln, aber sie entsprechen definitiv den normalen.

Das hört kaum jemand gerne, weil damit die eigenen Gefühle und die angemessene Art, sie auszudrücken, unmittelbar und zu einem großen Teil in die eigene Verantwortung dessen übergehen, der sie hat. Die meisten Menschen tun gerne so, als ob die Mehrheit ihrer Herzenserfahrungen entweder von jemandem oder von etwas außerhalb von ihnen verursacht werden oder ein Phänomen sind, das einfach irgendwie eintritt - ein unvorhergesehener Umstand, dessen Opfer sie werden oder in dessen Genuß sie kommen. Das mag buchstäblich da richtig sein, wo es um physisch bedingte Störungen wie das PMS (Prämenstruelles Syndrom) geht und um Zusammenhänge zwischen Gehirn und Blutkreislauf wie die von Neurotransmittern und Hormonen vom Typ PEA hervorgerufenen (Phenylethylamine: natürliche, im Gehirn produzierte Amphetamine, die ausgeschüttet werden, wenn wir »uns verlieben« und euphorische, erhebende Gefühle produzieren)[8]. Um die Gründe, warum wir uns so oder so fühlen, zu erforschen, müssen wir unvermeidlich zumeist auf unseren eigenen psycho-spirituellen Zustand zurückkommen. Ich halte dafür, daß wir die Stimme von authentischem Gefühl tiefer achten und erhören lernen können, wenn wir unsere innere Haltung und unsere Glaubenssätze angemessen beherrschen und die Verbindung zu unserem inneren Selbst nähren, und uns damit von den kopfgeborenen Gefühlen befreien.

Hier ein Beispiel dafür, wie ein »kopfgeborenes Gefühl« verwurzelt sein kann: Aus welchem Grund auch immer möchte ein kleines Mädchen »länger aufbleiben«. Zunächst möchte der Vater bei den geltenden Regeln bleiben und sagt, daß seine Tochter jetzt ins Bett müsse. Die Kleine durchläuft eine ganze Reihe unterschiedlicher Gefühlsausdrücke. Manipulativ versucht sie, den Vater zu einem Sinneswandel zu bewegen, dreht sozusagen wie am Senderwahlknopf und benutzt dabei eine möglichst große Bandbreite von Frequenzen. Zunächst wird sie wütend, schreit, stampft mit den Füßen auf und hopst wild herum. Papi reagiert darauf nicht besonders und sagt ganz ruhig: »Nein, meine Liebe, es ist jetzt Zeit, ins Bett zu gehen. Gehen wir also Zähne putzen!« Sie dreht am Knopf und schaltet direkt auf Traurigkeit, weint, schmollt und ist ganz das »leidende, unverstandene Kind«. Das funktioniert auch nicht, und Papi reagiert ganz neutral: »Komm, meine Süße, es ist ja gar nicht so schlimm. Gehen wir also Zähne putzen.« An diesem Punkt hat die Kleine schon ausreichend Energie aufgebracht, um leicht erschöpft zu sein.

Nichts desto weniger reicht es noch zu einem letzten verstohlenen Versuch. Etwas faul krabbelt sie auf Papis Schoß, wählt den »Kuschelmodus«, schaut ihn mit diesen großen Kinderaugen an, klimpert ein paarmal mit den Wimpern und sagt: »Papi, ich liebe dich ... kann ich noch ein wenig aufbleiben ... nur heute abend?« Papi, der schon ein wenig Mitleid mit ihr hat (außerdem ist sie so herzig, wenn sie hilflos wird) schmilzt schließlich völlig dahin: »Nun gut, meine Süße, aber nur kurz.«

Die Kleine hat den magischen Knopf erwischt, Papi auf dem bestmöglichen Kanal erreicht, indem sie ihre emotionale Herzensfrequenz so auf die ihres Vaters eingestellt hat, daß er wie gewünscht reagiert hat. Nach umfangreichen Experimenten mit diesem Projekt, die sie in ihren ersten Lebensjahren in allen möglichen Frequenzbereichen durchgeführt hat (was hat man als Kind denn sonst schon zu tun), ist sie schließlich an einem Punkt der Vollkommenheit angelangt, den sie erfolgreich durch ihre ganze Kindheit und Jugend hindurch praktiziert. Die Gewohnheit, die sie auf diese Weise entwickelt hat, um zu bekommen, was sie will, breitet sich schließlich weit über die Beziehung mit dem Vater hinaus in viele Freundschaften hinein aus. In ihrem späteren Leben denken nicht nur ihre Freunde, daß sie »eben ein Mensch ist, der auf hilflose Weise herzig ist«, sondern sie denkt auch so. Sie hat sich mit anderen Worten mit diesem Gefühl so sehr identifiziert, daß sie vergessen hat, daß sie es ursprünglich kreiert hat. Die Frage ist, wann sie damit aufhört - wenn überhaupt. Nehmen wir einmal an, daß derselbe Mensch als erwachsene Frau Mitte Dreißig dich bezüglich einer Angelegenheit mit ihrem Mann um Rat bittet. Sie erklärt, sie habe »im Herzen« das Gefühl, daß sie ihn verlassen müsse, da er sie immer so hilflos mache - »wie wenn er mir all meine Kraft rauben würde«.

Würdest du es in diesem Fall wagen wollen, die abgedroschene Frage zu benutzen: »Hör einfach auf Dein Herz, wenn du nicht weißt, was du tun sollst.« Sicher nicht, es sei denn, auch du wärst nicht bereit, Verantwortung für deine Gefühle zu übernehmen. Wie kann jemand seinem Herzen vertrauen, wenn er es noch nicht einmal zu finden vermag. Würdest du dieser Frau, nur weil du ihr nicht raten kannst, auf ihr Herz zu vertrauen, stattdessen den Kopf empfehlen? Nun, wir wissen nur allzu gut, daß die reine Vernunft kein guter Nährboden für Poesie ist.

Mein Vorschlag wäre es indessen, im Dilemma zwischen Kopf und Herz keinem von beidem zu folgen. Wage stattdessen den Sprung in die Tiefe und richte deine Aufmerksamkeit auf deinen gut gegründeten, atmenden Bauch. Hier liegt die Quelle der Wahrheit, der Intuition und der Integrität. Mit ihrer Hilfe kannst du unterscheiden, ob das, was du fühlst eine gewohnheitsbedingte Kopfgeburt oder ein authentisches Gefühl ist.

Bevor du dich also auf die Suche nach deinem herzallerliebsten Herz machst, finde erst einmal Zugang zu deinem Bauch, um dieserart eine tiefe Verbindung zu deinem Instinkt und deiner Intuition zu bekommen. Die Sicherheit, die du auf diese Weise gewinnst, erlaubt dir, deine üblichen Abwehrmechanismen fallen zu lassen, deinen Panzer loszulassen und damit verletzlicher und offener zu werden. Das ist die Voraussetzung dafür, daß du »deinen Kopf durch das Reispapier stecken kannst«. Der erste Schritt auf dem Weg zu neuen, erfüllenderen Kommunikationsmöglichkeiten mit deiner Bezugsperson ist eine tiefere Verbindung mit dir selbst.

Übung: »Einchecken« mit Atem und Aufmerksamkeit

Wir wollen das einmal üben. Lies bitte jede der folgenden Zeilen ganz langsam, und nimm dir viel Zeit, um an den Anweisungen teilzuhaben und sie in ihrer praktischen Wirkung zu erleben. Obgleich es am besten ist, diese Übung im Stehen zu machen, kannst du dies auch in entspannter, aber dennoch aufrechter Sitzhaltung mit den Füßen flach auf dem Boden tun.

Atme langsam und tief durch die Nase ein ...
und atme ebenso langsam durch den leicht geöffneten Mund wieder aus.

Gehe mit deiner Aufmerksamkeit beim nächsten Einatmen in deine Fußsohlen.

Stelle dir vor, wie die nährende Energie von Mutter Erde durch deine Füße in deinen Körper fließt. Einatmen ...
deine Füße fühlen ...
langsam durch den Mund ausatmen.

Atme langsam durch die Nase ein und fühle, wie die Erdenergie bis in deine Knie hinauf fließt.
Fühle deine Knie ...
atme langsam durch den Mund aus.

Beim nächsten Einatmen läßt du die Energie bis in deine Hüften fließen.
Fühle deine Hüften ...
atme langsam aus.

Wieder atmest du langsam durch die Nase ein und spürst, wie die Energie sich in deinem Geschlecht und in deinem Gesäß ausbreitet.
Fühle dein Geschlecht und dein Gesäß ...
langsam ausatmen.

Beim nächsten Einatmen empfindest du ganz deutlich, wie sich dein gesamter Unterbauch mit dieser nährenden Energie füllt.
Du atmest langsam weiter ein und aus.
Deine Aufmerksamkeit ist ganz und gar auf den Bauchraum unterhalb des Nabels gerichtet ...
Du spürst, wie er sich beim Einatmen ausdehnt und beim Ausatmen wieder zusammenzieht ...

Laß eine Hand dabei auf deinem Bauch ruhen ...
einatmen ...
ausatmen und loslassen ...
tiefes ...
Vertrauen ...
in dich ...

Ruhe dich ein wenig aus.

Obgleich dir diese Übungspraxis vielleicht ein wenig simpel vorkommen mag, wird sich dein Gefühl für eine gute Form der Verletzlichkeit, der Offenheit und des Vertrauens immer mehr entwickeln, desto mehr du dich daran gewöhnst, deine Aufmerksamkeit und deinen »Atem« auf den Bauch zu richten. »Einchecken«, wie ich dies gerne nenne, ist, wie wenn du dich an der Rezeption deines Zentralnervensystem melden würdest. Du läutest so heftig mit der Glocke, daß alle Bediensteten einschließlich des Managers herbeieilen, um dein Gepäck zu tragen. Und du sagst in befehlsgewohntem Ton:»Ich möchte ein Zimmer und nicht nur irgendein Zimmer, sondern alle! Ich miete das ganze Haus!« »Das Haus« ist in diesem Falle natürlich dein Körper. Du bekommst immer mehr das Gefühl, daß er deiner ist, indem du dein Bewußtsein auf deinen Körper richtest und die Energie frei in ihm fließen läßt.

Eines wollen wir klarstellen: die Verletzlichkeit, die diese Art der Zentrierung mit sich bringt, hat nicht zur Folge, daß du herumläufst, ohne dich wo nötig schützen zu können. Zunächst einmal bedeutet dies, daß du bewußter wahrnehmen wirst, wann Schutz nötig ist und wann nicht. Zweitens wirst du nicht nur in der Lage zu sein, dich zu schützen, sondern ebenso dich zu zeigen, und zwar ganz nackt, ohne deshalb das Gefühl zu haben, bloßgestellt zu werden. Es bedeutet, daß du fähig wirst, sowohl deine Schwäche als auch deine Stärke zu zeigen und in der Kommunikation auszudrücken. Selbstliebe ist das Zauberwort, das all das zusammenfaßt.

Diese Ebene von Fürsorge, Integrität, Aufrichtigkeit und Sensibilität meine ich, wenn ich sage »gute Kommunikation mit Herz«. Um noch klarer zu machen, was mit »gut« gemeint ist, hier ein Auszug aus einem Workshop, in dem ich die Gruppe durch eine Übung führe, die aktive und passive Rollen in der Kommunikation erarbeitet. Stell dir vor, du nimmst an dieser Gruppe teil.

Kommunikationsübung

Vorbereitender Dialog zwischen Otto und verschiedenen Teilnehmern

O: Warum es hier geht, sind die zwei wichtigsten Elemente guter Kommunikation - welche sind sie?
T1: Authentisch zu sein.
O: Ja, aber genauer.
T2: Eine gute Verteilung von aktiv und passiv.
O: Was genau meinst du?
T2: Zwischen männlich und weiblich.
O: Ja, aber was ist das?
T3: Zusammenziehen und loslassen.
O: Nur weiter… was geschieht in dieser Polarität? Ein Pol tut etwas und der andere Pol tut etwas anderes.
T4: Einer hört hin, und der andere spricht!
O: Ja, genau. Das sind die beiden Elemente, die für einen erfolgreichen Energieaustausch von zentraler Bedeutung sind: ein Sender und ein Empfänger! Einer

von beiden schweigt, hört hin und empfängt. Aber das ist selten - oder nicht? Du erinnerst dich wahrscheinlich an Unterhaltungen, bei denen du den Eindruck bekommen hast, daß der andere überhaupt nicht hinhört. Zugleich jedoch lächelte er oder sie heftig nickend in einer irreführenden Mischung von vorgeblichem Verständnis und angeblicher Übereinstimmung mit jedem deiner Worte, während er oder sie gleichzeitig über den nächsten Einwand nachdachte, den er oder sie machen wollte. Das bedeutet jedoch nicht wirklich zu empfangen. Ein solcher Partner hört vielleicht deine Worte und kann sie sogar wiederholen - aber tatsächlich ist niemand daheim, um ans Telefon zu gehen. Stattdessen kommt der Anrufbeantworter und sagt monoton »ja, ja ... ich höre dich, aber was ich dir wirklich sagen will, ist...«. Gibt es irgendjemand hier im Raum, der leugnen möchte, solches schon getan zu haben? Es nämlich so aussehen zu lassen, wie wenn du jedes gesagte Wort verstanden hättest, aber nicht ein einziges wirklich aufgenommen? Sicher nicht. Wir alle haben Augenblicke - manchmal Stunden (Gelächter) - in denen wir zu sehr mit unseren eigenen Gedanken und Gefühlen beschäftigt sind, als daß wir uns von denen eines anderen Menschen bewegen lassen würden.

Da müssen viele von uns nicht nur lernen, mit dem Mund, sondern auch mit dem Geist zu schweigen, um so zu erlauben, daß die Erfahrung eines anderen Menschen uns erreicht und wir sie ebenfalls nachvollziehen können. Das ist der passive, feminine oder Yin-Aspekt in uns Menschen: Qualität des Aufnehmens oder Empfangens. Und genau das ist die Energie, auf die sich der sogenannte passive Partner in dieser Übung konzentrieren wird.

Das Szenario des aktiven Partners wird den anderen Pol repräsentieren, der »spricht«. Dies ist der Aspekt, der durchsetzungsfähig, männlich oder Yang ist. (In der der taoistischen Tradition beschreiben die Begriffe Yin und Yang die zwei grundlegenden Qualitäten von Energie, die in allen Situationen in verschiedenen Kombinationsmustern enthalten sind) In diesem Part der Übung wirst du mit der Notwendigkeit vertraut gemacht, etwas klar zu übermitteln und hinter dem zu stehen oder für das einzutreten, was du anbietest. Dies erfordert die Freiheit und die Erlaubnis, eine Wahrheit direkt auszudrücken - aus dem Herzen heraus! (Womit selbstverständlich das gemeint ist, was ich weiter oben als »gute Kommunikation mit Herz« definiert habe). Du kennst das vielleicht, daß du während einer Unterhaltung irgendwie wegtrittst und nicht wirklich zu dem Punkt kommst, den du mitteilen möchtest. Das wird sogar an der Stimme hörbar, da du dann anfängst, leise zu sprechen oder zu murmeln. Das macht es dem anderen nicht gerade leicht, über längere Zeit hinzuhören, und selbst Schwerhörige regeln dann das Volumen ihres Hörgerätes herunter. Niemand könnte ihnen dafür einen Vorwurf machen! Einige von uns haben die Schwierigkeit, darauf zu vertrauen, daß die eigenen Gedanken und Gefühle, Meinungen und Intuitionen überhaupt von Wert sind. In diesem Fall ist es eine unmögliche Aufgabe, dieselben klar und direkt auszudrücken, und schlußendlich klingt es mehr so, wie wenn du etwas verbergen als etwas enthüllen möchtest. Und das trifft in diesem Fall auch zu.

Das Ziel hier ist, in jeden der beiden Pole vorzudringen und jeden davon zu eignen. Das bedeutet, in der einen Rolle völlig aufzugehen und die andere ganz zu vermeiden: dich entweder direkt auszudrücken oder zu schweigen und hinzuhören! Achte darauf, was für dich schwieriger ist und in welcher Rolle Ängste oder ähnliches auftauchen - daran nämlich mußt du arbeiten. Das wird dir helfen, einige kreative Alternativen zu den zerstörerischen Mustern zu definieren, wie du sie gemäß Frage Nr. 2 in die Beziehung hineinträgst.

ÜBUNG

Aktiver Partner: Dieser steht vor dem passiven Partner, der auf dem Boden sitzt. Er oder sie drückt seine oder ihre augenblicklichem Gefühle, von Musik inspiriert, mit Hilfe von körperlicher Bewegung aus. Der direkte Ausdruck seiner Energie soll für den passiven Partner zum Geschenk werden. Bleibe während der Übung soviel wie möglich in Augenkontakt.
Passiver Partner: Dieser sitzt in einer offenen Haltung auf dem Fußboden. Lasse dich von dem Geschenk, das du bekommst, ohne zu werten, zu analysieren oder zu kategorisieren, innerlich berühren.
Menschen, die sich für gewöhnlich im aktiven Pol bewegen, haben hier die Gelegenheit, ihre ganz normalen, cleveren und reizenden Tricks auszuspielen - all die Masken, hinter denen du dich verbirgst. Wenn du dich dabei ertappst, dann halte einfach einen Moment inne, atme tief in den Bauch ein und genieße die Musik. Wichtig ist, daß du stets zu dir selbst und deinen augenblicklichen Gefühlen zurückkehrst. Versuche nicht, jemand besonderes zu sein - du bist es bereits.
Bevor du beginnst, mache einen tiefen Atemzug! Schließe die Augen. Schüttele dich kräftig und laß jede Anspannung los. Spüre, wie du auf dem Boden stehst. Spüre die Erde unter deinen Füßen. Erlebe, wie sich dein Bauchraum mit Licht füllt. (Pause) »Ich atme - mein Atem fließt durch einen offenen und entspannten Körper. Mit meinem Atem zusammen fließt eine Energie - die Energie dessen, der ich in diesem Augenblick bin. Ich begebe mich in diesem Austausch mit meiner Bezugsperson, um bessere Möglichkeiten der Kommunikation zu erforschen. Ich öffne meine Augen und nehme Blickkontakt mit meiner Bezugsperson auf. Wir treten in Verbindung, und der Tanz beginnt.«

Wollen wir im Auge behalten, daß die eben beschriebene Übung für dich an dieser Stelle umrissen wurde, damit du ein Gefühl für die neuen Möglichkeiten hinter der Mauer aus Reispapier bekommst. Richte deine Aufmerksamkeit nun wieder darauf, ob »gute Kommunikation mit Herz« eine Kandidatin für deine Antwort auf Frage Nr. 5 ist oder nicht. Um diese Option/Aktion in unserem gemeinsamen Prozeß für dich klarer zu sehen, prüfe doch einmal für dich selbst, welche dieser Rollen dir gewöhnlich mehr Schwierigkeiten bereitet. Betrachte deinen Umgang mit deiner Bezugsperson und frage dich, ob du manchmal Schwierigkeiten hast, »zu schweigen und hinzuhören«. Vielleicht bist du gar nicht bereit, die andere Seite zu verstehen oder auch nur anzuhören. Sobald du von deinem eigenen Anliegen geradezu gefangen bist und solange es deine einzige Priorität ist, trägst du zu einer ausgeglichenen Partnerschaft weder bei noch nimmst du daran teil. In diesem Falle liegt deine Option vielleicht in dieser Richtung. Theoretisch wäre deine Herausforderung dann die, die Vorstellungen und Meinungen deiner Bezugsperson ebenso zu achten, wie du die deinen geachtet haben möchtest. Keine begrenzenden Wertungen. Keine Kategorisierungen. Wenn dir dafür ein hundertprozentiger Erfolg garantiert wäre, würdest du das dann tun?

Oder du bist vielleicht jemand, der nur mühsam auszudrücken vermag, was er sagen möchte. Vielleicht bist du dir nicht einmal sicher, was du sagen möchtest! In diesem Falle bist du möglicherweise ein Mensch, der lernen muß, die eigene Wahrheit zu erkennen und klar und ehrlich zu vermitteln. Keine Schuldzuweisung. Keine Vorwürfe. Das bedeutet, deine einzigartigen Wahrnehmungen, Gefühle, Vorstellungen usw. sauber und direkt zu eignen und zu erklären, gleichgültig, ob sie gut, schlecht, richtig oder falsch sind. Ein wichtiger Punkt dabei besteht darin, daß du in der aktiven Rolle jede Form von Abhängigkeit von einem besonderen Ergebnis der Kommunikation fallenläßt. Wenn dir dafür ein hundertprozentiger Erfolg garantiert wäre, würdest du das dann tun?

Eine gute Möglichkeit, die für dich geeignete Version einer solchen Option zu finden, ist einen Zeitraum zu vereinbaren, in dem du und dein Partner oder deine Partnerin abwechselnd diese beiden verschiedenen Rollen spielen. Entweder vereinbart ihr eine bestimmte Zeitdauer für jede Rolle oder ihr laßt das Ende offen, wenn ihr auf einer etwas fortgeschreneren Ebene arbeiten möchtet. Auf diese Weise hättet ihr beide die Zeit, euch vollumfänglich auszudrücken und ebenso aufzunehmen.

Eine andere und vielleicht spielerischere Möglichkeit ist die, die oben beschriebene Übung mit Hilfe von Musik und Bewegung miteinander zu machen. Wenn dies die Beziehung mit deiner Bezugsperson erlaubt, kann diese Art von Austausch für euch beide sehr bewegend sein und die Tür zu tieferen Kommunikationsmöglichkeiten öffnen als Worte sie haben. Wenn dir dafür ein hundertprozentiger Erfolg garantiert wäre, würdest du das dann tun?

Erwäge also einige Augenblicke lang, was diese Option für dich bedeuten könnte, und laß uns dann weitergehen an andere Orte der Kraft und der Neugier.

Option/Aktion B 1
Mir selbst geben, was ich von meiner Bezugsperson erwarte

Lies dir noch einmal durch, was du als Antwort auf Frage Nr. 1 notiert hast. Nur zu, nimm dir einen Augenblick Zeit, um dein Gedächtnis aufzufrischen. Das, was viele von uns von ihren Partnern (manchmal den Menschen, die uns im Leben am nächsten und am wichtigsten sind) erwarten, hat viel mit dem zu tun, was wir uns selbst nicht geben, obwohl wir dies sicherlich könnten. Das ist nicht immer, aber sehr häufig der Fall. Nehmen wir einmal an, daß deine größte Erwartung an deine Bezugsperson die ist, wegen einer bestimmten Qualität oder Eigenschaft anerkannt zu werden. Die meisten Menschen, die immer wieder Bestätigung für ein bestimmtes Verhalten oder einen bestimmten Wesenszug brauchen, haben für gewöhnlich Schwierigkeiten, diesen Zug an sich selbst zu schätzen. Die Frage, mit deren Hilfe du herausfinden kannst, ob diese Option in eurem gemeinsamen Prozeß gültig ist, lautet: »Ist das, was ich von meiner Bezugsperson erwarte, etwas, das ich, offen und ehrlich betrachtet, mir selbst geben könnte und/oder würde?«

Da mag nun mancher sagen: »Natürlich könnte ich mir selbst geben, was ich von meinem Partner oder meiner Partnerin erwarte ... aber warum sollte ich? ... sollte nicht er oder sie mir das geben?« An dieser Stelle sei an zwei Dinge erinnert. Erstens entspringt vieles von dem, was du von deiner Bezugsperson erwartest aus der Abhängigkeit von einem Idealbild, das in der Vergangenheit entstanden ist und nichts, aber auch gar nichts, mit dem zu tun hat, was du in der Gegenwart oder in der Zukunft erwarten könntest (oder was erwartet werden kann). Zweitens gilt es ja gar nicht, diese Möglichkeit - dir selbst zu geben, was du von deinem Partner erwartest - (ebensowenig wie jede andere Möglichkeit) notwendigerweise in die Praxis zu integrieren. Wir träumen hier nur von Möglichkeiten, die dir ein besseres Gefühl für dich selbst und die Beziehung geben, wenn du dir vorstellst, sie wären absolut möglich und erfolgreich. Es geht also keineswegs darum, ob du dir das geben »solltest« oder gar »wirst« sondern darum, ob du es »würdest« - wenn dies ein positiver Beitrag zu deiner Beziehung wäre, der sie befruchten und beide Beteiligten erfüllen würde!

Es gibt gewisse Erwartungen, die sehr verbreitet sind an den Partner, nichtsdestoweniger aber in die Kategorie von Dingen fallen, »die ich mir selbst geben kann«. Hier sind einige davon:

Als Mann/als Frau

Als Eva diesen besonderen Apfel aß, wurde sie sich ihrer Weiblichkeit bewußt, geistig. Und im Geiste fing sie an, damit zu experimentieren. Seit damals ist sie dabei zu experimentieren. So auch der Mann. Zur Begeisterung und zum Entsetzen von ihnen beiden.

D. H. Lawrence[9]

Einfach als Frau oder als Mann anerkannt zu werden, ist eine der verbreitetsten Erwartungen. Die Definition dessen, was das jeweils sein mag, hängt natürlich vom individuellen Idealbild ab. Nichtsdestoweniger haben viele Frauen das Gefühl, daß ihre Partner (männliche oder weibliche) sie nicht wirklich als weibliche Kreatur wahrnehmen, sei es, daß sie nicht als körperlich anziehend wahrgenommen werden oder aus anderen Gründen. Könnte jedoch nicht genau dieses Gefühl in dieser Situation lediglich eine Projektion ihrer eigenen Unfähigkeit sein, ihre Weiblichkeit ganz anzunehmen, sich damit zu verbinden und sie zu nähren? Und wenn diese Frau nun sich selbst »als Frau« sehen würde - würde das dann nicht bis zu einem gewissen Grad ihre. Bedürftigkeit verringern, von anderen so gesehen zu werden? Das gleiche auch für Männer. Manche wollen in ihrer Männlichkeit gerade deshalb anerkannt werden, weil sie damit überhaupt nicht in Verbindung oder diesbezüglich bis zu einem gewissen Grad unsicher sind. Solche Typen laufen die Hauptstraße hinunter, tragen dabei riesige Phallussymbole vor sich her (um ja nicht verwechselt zu werden) und singen unisono: »Mehr Sex ... mehr Sex ...!« Wenn es dann aber ans Eingemachte geht, d.h. um Nähe und Hingabe, sieht die Hauptstraße plötzlich wie die einer Geisterstadt aus. Aber könnte das Verhalten eines Mannes, der beweisen muß, daß er einer ist, nicht die Folge seiner eigenen Unfähigkeit sein, seine Männlichkeit ganz anzunehmen, sich damit zu verbinden und sie zu nähren? »Annehmen« bedeutet in diesem Zusammenhang, sich zu entscheiden, die Tatsache, daß du entweder ein Mann oder eine Frau bist, willkommen zu heißen, zu umfassen und damit in Frieden zu sein. Wenn du bezüglich deiner Identität irgendwelche Zweifel haben solltest, dann zieh dich aus und schau an dir herunter. Diese Identität hat nämlich damit zu tun, daß du deine Geschlechtlichkeit einfach und vollumfänglich eignest und ja dazu sagst.

»Sich damit zu verbinden« bedeutet, dich als Teil einer größeren Gruppe von Männern oder Frauen zu fühlen. Das hat damit zu tun, daß du in dieser Gruppe einen sicheren Platz hast, Teil dieser gleichgeschlechtlichen Gruppe bist und dich als einen oder eine von ihnen verstehst. Es hat nichts damit zu tun, eine stereotype Rolle auszufüllen. Das Gefühl dafür, an diesem inneren Ort angekommen zu sein, hast du, wenn du einfach sagen kannst: »Ich liebe es, eine Frau zu sein - ich liebe es, ein Mann zu sein.« Wenn ich sage, daß du deine Männlichkeit oder deine Weiblichkeit »nähren« sollst, dann meine ich damit auch, daß du dir erlaubst, dich zu lehren. Indem wir ein Gefühl der Dankbarkeit, der Demut und sogar des Staunens dafür entwickeln, wie die menschliche Natur sich immer wieder selbst hervorbringt, ausdrückt und dabei völlig von zwei so wundervollen Hälften eines Ganzen ist, entdecken wir nicht nur ein biologisches Juwel, sondern ergreifen auch die Gelegenheit, die Magie des Gegensatzes aktiv zu zelebrieren.

Wenn du eine Frau bist: Ist es notwendig, daß du deine Weiblich-keit in größerem Maße annimmst, dich damit verbindest und sie nährst? Wenn du ein Mann bist: Ist es notwendig, daß du deine Männlichkeit annimmst, dich damit verbindest und sie nährst? Wenn die Antwort ein Ja ist und wenn dir in der Erfüllung dieser Notwendigkeit ein hundertprozentiger Erfolg garantiert wäre, würdest du es dann tun?

Meine Gefühle

Auch wenn wir unsere Gefühle gut verstecken,
Wir sagen »sehr gut« und meinen »fahr zur Hölle«.

Noel Coward[10]

Eine andere Erwartung, die du an deinen Partner oder an deine Partnerin haben könntest, dir aber genausogut selbst erfüllen könntest, ist die, »meine Gefühle zu achten und anzunehmen«. Das gilt auch für die weniger angenehmen! Vielleicht neigst du beispielsweise dazu, relativ bedeutungslose Frustrationen und Ärgerlichkeiten nicht auszudrücken, bis das ganze vulkanische Proportionen annimmt und schließlich explodiert. Dabei wird ei-ne schädliche, giftige emotionale Substanz frei, die ansonsten als Wut bezeichnet wird. Dergleichen ist für den Status quo deiner augenblicklichen Umgebung möglicherweise unannehmbar oder kontraproduktiv und wird vielleicht auch als nutzlos und ver-rückt etc. betrachtet. Wenn du genauer hinschaust, entdeckst du vielleicht, daß du diese kleinen Frustrationen und Ärgerlichkeiten zunächst genauso eingestuft hast und sie aus diesem Grunde den ursprünglichen Moment der Erfahrung nicht angemessen ausge-drückt hast. Würde sich deine Erwartung, daß dein Partner diese Gefühle anerkennt, annimmt und ihnen vertraut, wenn du sie ausdrückst, nicht erheblich entspannen, wenn du selbst deine Ge-fühle nicht so hart beurteilen und kategorisieren würdest?

Je stärker desto schwächer

Hier ist meine Stärke, Leute, und meine Schwäche,
Ich habe sie geliebt, bis sie mich liebten.

Dorothy Parker[11]

Wie steht es mit der verbreiteten Erwartung, daß dein Partner oder deine Partnerin dir entweder das Gefühl gibt, daß er oder sie »zu dir aufsieht und dich bewundert« oder das Gefühl, daß »für dich gesorgt wird und du beschützt wirst«? Im ersteren Falle handelt es sich vielleicht darum, daß du nicht fähig bist, deine Schwächen ebenso wie deine Stärken zu zeigen. Manche Menschen, die als »der Stärkere« wahrgenommen werden wollen, haben einfach Angst, vom Partner als schwach betrachtet zu werden, wenn sie ihre Verletzlichkeit zeigen. Im letzteren Falle besteht das Problem darin, daß du nicht fähig bist, deine Stärken ebenso wie deine Schwächen zu zeigen. Du identifizierst dich dann eher damit, »der Schwächere« zu sein und hast deshalb Schwierigkeiten, deine Stärken und Talente zu zeigen, weil du nicht willst, daß es so aussieht, als ob du mit dem Partner konkurrieren oder ihn bedrohen würdest. Wenn du dich in einem dieser Spiegel erkennen kannst, dann könnte deine größte Stärke einerseits sein, deine Schwäche anzunehmen und zu zeigen, und damit eine gültige Option. Andererseits könnte es genau das sein, was der Arzt verschrieben hat, deine Stärken, Talente und Fähigkeiten anzunehmen und zu zeigen.

An mich selbst glauben

Das einzige, was ich im Leben bedaure,
ist, daß ich niemand anderes bin.

Woody Allen[12]

Ein anderes Beispiel, das häufig zu hören ist, ist folgendes: »Wenn mein Partner an mich glaubt, dann glaube ich auch an mich selbst.« Wäre die Herausforderung hier nicht die, mehr an dich selbst zu glauben? Wenn du ständig andere brauchst, die deinen Wert und deine Bedeutung bestimmen, dann gibst du dir vermutlich davon selbst nicht genug.

Und dann gibt es da noch die ach so großen Erwartungen nach der guten alten körperlichen Aufmerksamkeit, gewöhnlich in der Form von Zärtlichkeit und/oder Sexualität. Körperliche Berührung und das damit verbundene Gefühl von Nähe sind natürliche und grundlegende Mittel, sich zu verbinden und Liebe auszudrücken. Wenn aber dein Interesse an deiner Bezugsperson bis zu einem bestimmten Grad diesen romantischen Charakter hat und du in so hohem Maße von Körperkontakt abhängig bist, dann kann dies auch eine Form der Abhängigkeit von deinem Partner darstellen, die einfach nur das Gefühl sucht, geliebt und liebenswert zu sein. Ist das nicht auch etwas, das du dir in gewisser Weise mehr als auch schon selbst geben würdest, wenn du nur könntest?

Erinnere dich nun also noch einmal daran, daß die Option/Aktion, für die du dich bei Beantwortung von Frage Nr. 5 entscheidest, rein hypothetischer Natur ist. Dies soll dir lediglich das Gefühl von größerer Erfüllung geben, wenn du sie als Möglichkeit betrachtest, und sie sollte etwas für dein Repertoire der Möglichkeiten völlig Neues sein. Sei ehrlich und spüre einmal in dir nach, ob sie in der oben vorgeschlagenen Richtung liegen könnte.

Option/Aktion B 2:
Meinem Partner geben, was ich von ihm erwarte

Das ist auch nicht schlecht! Nehmen wir einmal an, du erkennst, daß das, was du am meisten von deiner Bezugsperson erwartest, genau das ist, was du ihm oder ihr nicht so leicht zu geben vermagst. Und das ist wahrscheinlich kein Zufall. Es besteht nämlich Grund zu der Annahme, daß, was auch immer jemand für sich selbst hortet, nicht gerade ein bevorzugter Gegenstand seiner Fähigkeit ist, mit anderen zu teilen. In diesem Zusammenhang gewinnt das alte Sprichwort »Füge keinem anderen zu, was du nicht willst, das man dir tu« eine ganz neue Dimension der Bedeutung. Vielleicht hilft es dir, von dem Gefühl loszukommen, daß du dieses oder jenes so verzweifelt von deinem Partner brauchst, wenn du genau das, was du am meisten willst, dem anderen gibst. Etwas zu verschenken, ist eine Aktion, die notwendig das Gefühl nach sich zieht, mehr als genug für dich selbst zu haben. Und es ist vielleicht nicht nur ein Gefühl. Möglicherweise zeigt es dir, daß du tatsächlich genug für dich selbst hast und nicht bei anderen darum betteln mußt.

Schau dir deine Erwartung an deine Bezugsperson an und prüfe, ob diese Möglichkeit zutrifft. Wenn dir bei der Integration dieser Option/Aktion ein hundertprozentiger Erfolg in einer Form garantiert wäre, die dein Leben und deine Beziehung mit deiner Bezugsperson wesentlich verbessert, würdest du das dann tun?

Option/Aktion C:
Die Angst annehmen und aufgeben

Ein kurzer Blick auf deine Antwort auf Frage Nr. 3, »Das Schlimmste, das passieren könnte«, wird dich belehren, welche Angst du annehmen und aufgeben könntest. Vielleicht ist es die Angst, unter der Brücke zu enden. Vielleicht ist es nur die Angst, daß dich dort jemand sieht. Wir alle haben unsere Szenarien vom »Schlimmsten«. Wie könntest du nun den Zusammenhang mit deiner Beziehung zu deiner Bezugsperson diese Angst am besten annehmen? Wovor hast du wirklich Angst, und wäre es eine Möglichkeit, direkt durch diese Angst hindurchzugehen und sie hinter dir zu lassen? Bei der Betrachtung dieser Möglichkeit müssen wir uns daran erinnern, daß die tieferliegende Angst, die du in unserem gemeinsamen Prozeß zu einem früheren Zeitpunkt identifiziert hast, etwas ist, was du am meisten zu meiden suchst. Eine direkte Konfrontation mit dieser Angst würde also bedeuten, diesem Vermeidungsverhalten von was auch immer ein Ende zu setzen: statt wegzulaufen, dahin zu schauen, wo »die Musik spielt«!

Nehmen wir einmal an, daß deine Antwort auf Frage Nr. 3 war: »Das, was ich am meisten vermeide, ist zu entdecken, daß ich nicht wirklich ein sehr talentierter Maler bin.« Kannst du dir in diesem Falle vorstellen, erfolgreich das Risiko einzugehen, als lausiger Maler beurteilt zu werden, indem du schlußendlich in einer Ausstellung oder ähnlichen Form der Präsentation die wirklich wilde Seite deiner Kunst zeigst (die du nie zeigen wolltest)? Die vage Wahrnehmung davon, das als Möglichkeit zu begreifen, wovor du normalerweise Angst hast, ist nur die erste Voraussetzung dafür, daß diese Option für dich gültig sein könnte. Die zweite ist die, daß du fähig bist, dies in eine Situation zu integrieren, wo du das Gefühl hast, daß deine Bezugsperson nicht für dich da ist und dir nicht gibt, was du willst. Nehmen wir an, daß du (eine weitere Antwortmöglichkeit bei Nr. 3) zu der Antwort gekommen bist: »Das, was ich am meisten vermeide, ist zu entdecken, daß ich unfähig bin, mich ganz in eine Beziehung einzulassen und (schlußendlich) wenig Integrität habe.« Die Konfrontation bestünde in diesem Falle nicht in dem Versuch, dich mehr auf die Beziehung einzulassen. Genau das Gegenteil wäre wirklich Konfrontation: dir zu erlauben, dich bezüglich des Einlassens zu entspannen und dich der Herausforderung zu stellen, dich anzunehmen, und das trotz der Tatsache, daß du nicht über eine »vollkommene Integrität« verfügst. Die Frage lautet dann: »Wenn meine Bezugsperson mir nicht gibt, was ich erwarte, würde ich lernen wollen, mich darauf zu konzentrieren, meine fixen Vorstellungen von Einlassen und Integrität loszulassen und mich als >locker-flockigen< Menschen anzunehmen, statt >zufällig/absichtlich< meine Bühnentür weit offen und meinen destruktiven Charakter mitten in meine Show tanzen zu lassen, wenn ich könnte?« Wenn du zu der Sorte Menschen gehörst, die gewöhnlich das Elend des Alleinseins flieht, dann könntest du vielleicht in eben diesen Momenten großer Erwartung den Raum des Alleinseins und das Gefühl der Einsamkeit erforschen. Wer weiß, vielleicht erkennst du sogar, daß es einen großen Unterschied zwischen Alleinsein und Einsamkeit gibt und daß Alleinsein keineswegs das Gefühl der Isolation hervorrufen muß. Tatsächlich vermag es das genaue Gegenteil zu tun: dir ein Gefühl für die Verbundenheit mit dir selbst und anderen zu geben. Kannst du dir das vorstellen?

Ich erinnere mich an eine Situation in meinem Leben, die helfen mag zu illustrieren, was ich unter einer direkten Konfrontation mit der Angst verstehe, wenngleich sie zugegebenermaßen starker Tobak im Vergleich zu den etwas subjektiveren Angelegenheiten der zwischenmenschlichen Beziehung ist. Ich war im Dschungel des Amazonas und lernte bei dem peruanischen Curandero und Schamanen Don Eduardo Calderon Palomino, der mich eingeweiht hat und dem ich mich zu größtem Dank für seine Lehren auf dem Weg zu Kraft und Heilung verpflichtet fühle. Wie so häufig im Bereich des paranormalen und metaphysischen Lernens sind die Lektionen, die man da bekommt, nicht gerade die, mit denen man rechnet.

Eine meiner größten Ängste während meiner Kindheit war die vor Schlangen. Don Eduardo hatte das dampfende Gebräu aus gekochtem San Pedro-Kaktus vorbereitet, das er mitgebracht hatte: eine ziemlich bittere Mischung, die demjenigen, der sie trinkt, in einen veränderten Bewußtseinszustand verhilft, der den Zugang zur »geistigen Welt« erleichtert. Unser abendliches Ritual sollte in und vor einer Höhle stattfinden. Da ich während der ganzen Dauer der bevorstehenden Zeremonie die Trommel schlagen sollte, war ich genötigt, die ganze Nacht in der kalten und feuchten Höhle zu verbringen. Der San Pedro-Kaktus begann Wirkung zu zeigen, und es wurde erklärt, daß die Höhle ein uralter Ort für schamanische Rituale war. Das war auch deutlich an den Höhlenskulpturen zu erkennen. »Was ist das ... oh, nein ... habe ich schon Halluzinationen? ... nein, habe ich nicht.« Tatsächlich waren da riesige Skulpturen von Schlangen überall an den Höhlenwänden - uralte von Hand bearbeitete Stalagmiten und Stalaktiten, von denen ich fürchtete, daß sie in Kürze lebendig werden und mit ihren messerscharfen Zähnen Gift in meine Adern jagen würden, während meine Knochen in der schleimigen Umschlingung ihrer gewaltigen Leiber zermalmt würden, um mich schließlich ganz zu verschlingen. Ich denke, man kann sagen, daß in diesem Moment eine Entscheidung vonnöten war.

Dabei handelte es sich nicht um die Entscheidung, zu bleiben oder zu gehen, denn ich konnte nirgendwo hin. Ein wenig vergleichbar einer Beziehung, in der du nicht vor der Realität weglaufen kannst, einfach weil du derjenige bist, der die Realität gestaltet, ganz gleich mit welchem Partner du in welchen Hafen auch immer eingelaufen bist. Es ging vielmehr um die Entscheidung, ob ich meine Aufmerksamkeit weiter auf die mit der Situation verbundene Angst richten wollte oder die große Schlange nicht mehr vermeiden, sondern meine Wahrnehmung vertrauensvoll auf das Objekt meiner Angst richten und mich damit auseinandersetzen sollte. Ich beschloß zu vertrauen. Ich meine nicht die Art von Vertrauen, die insgeheim hofft, daß bloß nichts passiert, im Gegenteil. Ich entschied mich, nicht nur für eine Begegnung mit den gefürchteten Schlangen bereit zu sein, sondern lud sie zu mir ein, damit wir Freunde werden konnten. Ich versprach mir selbst, daß ich auch eine Schlange, die in die Höhle käme und über meine untergeschlagenen Beine kriechen würde, mit tiefer Achtung und Verehrung ehrerbietig begrüßen würde. Den Rest der Nacht verbrachte ich atmend, trommelnd und wartend. Das Biest tauchte einfach nicht auf.

Auch am nächsten Tag geschah in der auf Stelzen in die sumpfigen Randgebiete des Amazonas gebauten Buschbehausung, die vorübergehend unser Heim war, etwas Merkwürdiges. Der Mann, der die Hütte erbaut hatte und für unseren Nachschub sorgte, hatte offenbar und zufällig ein Haustier, das er uns zeigen wollte: eine sehr dicke, sehr lange und (Gott sei Dank) sehr gut gefütterte riesengroße Boa constrictor. Er hievte sie aus ihrem Käfig und legte sie einigen von uns bleichen Initianten über die Oberschenkel. Es wurde erklärt, daß die Boa keineswegs bedrohlich sei, zu Menschen freundlich und nicht sehr hungrig. Doch als sie anfing, sich mit ihren gewaltigen Muskeln um uns zu legen, bedeuteten diese Worte keinen Trost mehr. Die Schlange blieb dabei neugierig und spielerisch, wie wenn sie sogar eine gewisse Art von Zuneigung ausdrücken wollte. Als ich sie so mit den Händen und den Armen berührte, stellte ich fest, daß die Haut trocken und angenehm zu berühren war. Und zu dem Zeitpunkt, als der Mann die Schlange in den Käfig zurückbrachte, hatte sich meine gesamte Vorstellung von Schlangen grundlegend gewandelt.

Das war natürlich kein Zufall. Zumindest glaube ich das nicht. Für mich war das eine sehr reale Antwort der Natur auf meine Entscheidung, mich mit einem Aspekt der größten aller Schlangen auseinanderzusetzen: der Angst. Und damit meine ich nicht die gesunde, spontane Angst, die mich vor einer drohenden Gefahr bewahren würde, sondern die zwanghaft wiederholte Angst, die ich tief in mir trage und überall mitnehme, wo ich hingehe.
Die Natur kann auf diese Art und Weise auch auf deine Aktionen antworten. Gleichgültig, ob deine existentielle Furcht Schlangen oder Sex betrifft, Nähe oder die Anfälligkeit dafür, an einem Hühnerknochen zu ersticken, ist die Wahrscheinlichkeit hoch, daß die direkte Konfrontation mit der Angst dir die Möglichkeit gibt, durch sie hindurch zu gehen und sie hinter dir zu lassen. Daher meine Frage: Wenn absolut nichts schiefgehen könnte und dir ein hundertprozentiger Erfolg garantiert wäre für den Fall, daß du deine tieferliegende Angst annimmst und aufgibst, würdest du das dann tun? Bedenke in jedem Fall, daß die Konfrontation mit deiner Angst eine für dich gültige Option/Aktion sein kann oder nicht. Und selbst wenn sie es wäre, magst du es vielleicht bevorzugen, dich für eine andere, ebenso gültige zu entscheiden, die den Zielen dieses Prozesses dient.

Option/Aktion D:
Die Aufmerksamkeit auf die sich wandelnden Gemeinsamkeiten richten

Manchmal vergessen wir, daß es ganz natürlich und völlig richtig ist, wenn die Gemeinsamkeiten zweier Menschen sich verändern. Die Orte und Räume, die ihr teilt, die Dinge, die ihr zusammen tut, die geistige und selbst die Herzensnähe sind alles Elemente, die im Rahmen einer Partnerschaft ernsthafte Wandlungen durchlaufen können. Da es für jeden Menschen natürlich ist, sich zu entwickeln, kann man davon ausgehen, daß sich zwei Menschen in ihrem Zusammensein nicht für immer und ewig in der gleichen Weise verbinden, es sei denn, beide würden sich genau gleich entwickeln. Und das ist eher zweifelhaft. Die erste Herausforderung liegt darin, die Tatsache anzunehmen. Der nächste Schritt besteht natürlich darin, die eingetretenen Veränderungen zu respektieren und die Aufmerksamkeit auf das zu richten, was ihr jetzt gemeinsam habt.

Wenn wir diese Option/Aktion in Betracht ziehen, dann kommt eine neue Art von Verletzlichkeit ins Bild. Eine Art von Verletzlichkeit nämlich, die dich befähigt, loszulassen, »wie es war« oder »wie wir waren«. Und anstatt zu toben und das Haus mitsamt der Beziehung in die Luft zu jagen, könntest du vielleicht einfach dranbleiben und zu dir selbst sagen: »Nun, gut, ich lasse Wandlung zu etwas völlig Neuem geschehen und folge den Wandlungen, da ich mit dir zusammenbleiben will« ... oder weil ... »wir Geschäftspartner sind und sich unsere Zusammenarbeit nicht nur auf unsere individuelle Leistung, sondern auch auf das ganze Geschäft auswirkt.«

Die Gemeinsamkeiten wandeln sich in einer Partnerschaft, deshalb ist es wichtig, dem nicht im Wege zu stehen und es geschehen zu lassen. Du träumst, wenn du glaubst, daß alles so bleibt oder daß du Wandel verhindern kannst. Und wenn du das tust, dann stellst du dir eine große häßliche Falle. Wenn du aber in deiner Entwicklung fortschreiten willst, dann laß diesen Glauben los und beginne, einen neuen zu nähren, der ein Gefühl des Geschehenlassens umfaßt. Wenn du dich für die Auffassung entscheidest, daß Veränderungen in Beziehungen tatsächlich gesund und gut sind, dann wird dir das helfen, den natürlicherweise auftretenden Wandlungen der Gemeinsamkeiten zu folgen. Es wird dich unterstützen, dich diesen Wandlungen hinzugeben, mit ihnen zu tanzen, zu drehen und zu spielen. Reite einfach auf der Welle und verstehe, daß diese natürlich ist und allen Beteiligten dient.

Während du nach einer Alternative zu deinem zerstörerischen Beziehungsmuster suchst und erkennst, daß du die Gemeinsamkeit mit deiner Bezugsperson nicht mehr im Blick hast oder daß du an längst verschwundenen alten Gemeinsamkeiten festhältst, erwäge doch eine hundertprozentig erfolgversprechende neue Richtung deiner Aufmerksamkeit auf die Gemeinsamkeiten, die existieren, jetzt!

Option/Aktion E:
Die Beziehung loslassen

Obschon dies eine Situation ist, die weit weniger häufig ist, als die meisten Menschen gerne glauben, kann es geschehen, daß eine Partnerschaft tatsächlich an den Punkt ohne Wiederkehr kommt. Wenn zwei Menschen miteinander Schwierigkeiten haben, kann das in den meisten Fällen etwas sein, das sie schlußendlich einander näherbringt (selbst Situationen, die manchmal hoffnungslos erscheinen). Aber hie und da gibt es Partnerschaften, in denen die Gemeinsamkeiten sich nicht nur gewandelt haben, sondern völlig verschwunden sind. Wenn dies für dich und deine Bezugsperson gilt, dann mag es angemessen, notwendig und im Interesse beider Beteiligten sein, den Sachverhalt zu respektieren und die Beziehung vollkommen loszulassen.
Diese Option/Aktion gilt oft in Situationen, in denen du an der Vergangenheit festhältst oder an einem Traum, wie die Zukunft mit deiner Bezugsperson aussehen könnte, ... ohne anzuerkennen, daß da nichts mehr zwischen euch ist, auf das ihr euch einlassen oder auf das ihr bauen könntet. Wenn das in dein Bild paßt oder du in das Bild, dann erwäge, wie es wäre, mit einer hundertprozentigen Erfolgsgarantie für positive Resultate für beide, fähig zu sein, wirklich loszulassen und adieu zu sagen. Und denke daran, daß es keineswegs Voraussetzung für die Gültigkeit einer Option in diesem Prozeß ist, daß sie auch umgesetzt wird.
Es gibt noch eine Beobachtung, die ich an dieser Stelle machen möchte, um auf ein interessantes Phänomen hinzuweisen, das zu dem »Naß-Fisch-Syndrom« paßt, von dem weiter oben schon die Rede war. Wenn du wirklich fähig bist, eine Partnerschaft loszulassen und die Vorstellung von ihrem tatsächlichen Ende ganz anzunehmen, dann entsteht manchmal eine fruchtbare Umgebung für neues Wachstum. Wie im natürlichen Kreislauf von Tod und Geburt, der alles betrifft vom Tausendfüßler bis zum Königreich,

vom verglühenden Stern bis zum gesamten Sonnensystem, erzeugt das Sterben von etwas Überfälligem und die Geburt von etwas Neuem die Energie, die den Motor der Evolution antreibt. Wenn du die Vergangenheit hinter dir gelassen hast, kannst du dich viel besser für einen neuen Anfang engagieren.

Überblick

Toll! Es gibt eine Menge Möglichkeiten auf der anderen Seite der Mauer aus Reispapier. Obschon es vielleicht noch mehr Wahlmöglichkeiten gibt, sollten die erwähnten Optionen dir eine ausreichend große Vielfalt bieten, um darunter eine zu finden, die du als Anwort auf Frage Nr. 5 einsetzen kannst. Um der Klarheit willen sei sie hier noch einmal wiederholt: Was würde ich stattdessen (statt Nr. 4) versuchen zu tun, wenn meine Erwartung nicht erfüllt wird und ich wüßte, daß ich keinen Fehler machen würde und könnte?

In einem raschen Überblick sind die vorgeschlagenen Optionen folgende:

A) Gute Kommunikation mit Herz
   1. Schweigen und hinhören
   2. Direkt ehrlich und klar übermitteln
B 1) Mir selbst geben, was ich von meiner Bezugsperson erwarte
B 2) Meinem Partner geben, was ich von ihm erwarte
C) Die Angst annehmen und aufgeben
D) Die Aufmerksamkeit auf die sich wandelnden Gemeinsamkeiten richten
E) Die Beziehung loslassen

Nun wollen wir uns dein Verhältnis zu deiner Bezugsperson vornehmen und eine Option/Aktion auswählen, mit deren Hilfe du hypothetisch dein typisches zerstörerisches Verhaltensmuster (Nr. 4) ersetzen kannst. Noch einmal möchte ich daran erinnern, daß es nicht Teil des in diesem Buch angebotenen Prozesses ist, deine Entscheidung direkt in deine Wirklichkeit zu integrieren.

Doch wir brauchen eine greifbare Richtung, die für dich stimmt, um darin weiterzugehen. Es ist einfach ein positiver Traum, von dem was du tun würdest, wenn du könntest und dies nicht nur eine konstruktive Handlung wäre, sondern auch eine, die dir ein gutes Gefühl gibt (wenn du sie in ihrer Vollendung betrachtest)! Wieder ist es Zeit, daß du zu Stift und Papier greifst. Laß uns sicherstellen, daß deine Antwort auf Frage Nr. 5 auf klare und einfache Art in die Form einer Feststellung gefaßt ist. Und sei genau. Wenn du dich für Option / Aktion B-l entscheidest und damit dafür, dir zu geben, was du von deinem Partner erwartest, dann nicht in der allgemeinen Form (»ich würde mir geben, was ich von meinem Partner erwarte!«). Mach dir den Inhalt deiner Erwartungen klar, beispielsweise: »Ich würde meine Weiblichkeit oder meine Männlichkeit anerkennen«, »ich würde meinen Selbstwert schätzen« oder »ich würde auf meine ärgerlichen Gefühle hören und sie zum Ausdruck bringen«.
Notiere deine Feststellung in großen Buchstaben und setze die Nr. 5 davor. Beginne folgendermaßen:

5) »Wenn ich wüßte, daß ich Erfolg hätte,...«
und vervollständige den Satz mit deiner Antwort.

Dialog in der Gruppe

Om Shanti:
T: Die von mir gewählte Option ist die, mir und meinem Partner zu geben, was ich von ihm erwarte.
O: Was erwartest du?
T: Daß er sich mehr auf seine spirituelle Entwicklung konzentriert und mir das Gefühl von Begleitung auf meinem Weg gibt.
O: Wenn du also könntest, würdest du dich mehr auf dein eigenes spirituelles Wachstum konzentrieren und ihn auf welchem Weg auch immer unterstützen. Ist das richtig?
T: Ja, und ich weiß, daß mein Vertrauen auf meinen ei-

genen Weg, ohne seinen zu bewerten, für uns beide eine große Unterstützung wäre.

O: Und was könnte spiritueller sein als das?

Das Recht, sich auszudrücken:

T: Ich glaube, eine gute Kommunikation mit Herz ist für mich eine gute Idee. Ich kann nicht besonders gut sagen, was ich brauche oder will.

O: Großartig. Und erinnere dich auch daran, in deine vorgestellte Mitteilung einzuschließen, daß »dies einfach meine Gefühle sind. Sie sind wertvoll, und ich habe das Recht, sie auszudrücken. Zugleich heißt das nicht, daß ich dich dafür verantwortlich mache, daß ich mich so fühle, oder daß ich aufgrund dessen von dir Veränderung erwarte. Aber ich muß sie ausdrücken. Du kannst hinhören oder nicht und damit machen, was du willst.« Es ist wichtig, daß du die Verantwortung für deine Gefühle, Wünsche, Meinungen oder was auch immer in dir vorgeht übernimmst. Drücke dich aus. Das ist dein Geburtsrecht - erwarte jedoch für deine wunderbare und ausgezeichnete Form des Ausdrucks keine Gegenleistung. Tu es um deinetwillen und nicht um einer Reaktion willen.

Dieses herrliche Gefühl

T: Meine Option ist es, denke ich, meine Angst anzuschauen. Was ich am meisten vermeide, sind jegliche Gefühle der Einsamkeit oder der Isolation.

O: Was war die größte Erwartung?

T: Daß er mir das Gefühl gibt, liebenswert zu sein.

O: OK, du möchtest, daß dich jemand bei der Hand nimmt und dir dieses herrliche Gefühl gibt und dir Gesellschaft leistet. Aber ist das nicht etwas, von dem du dir mit einem gewissen hypothetischen Grad von Erfolg vorstellen kannst, es dir selbst zu geben? Vielleicht könntest du statt auf Option C noch einmal einen

Blick auf Option B werfen und überlegen, ob du dir selbst geben möchtest, was du von deinem Partner erwartest. Dadurch würdest du auch deine Angst annehmen. Du kannst, wenn du dir einen Funken Integrität bewahren willst, nicht ernsthaft jemand anderen um etwas bitten, das du dir selbst nicht geben willst. Du möchtest, daß er für dich etwas tut, das du für dich selbst tun könntest. Stattdessen aber würdest du lieber leiden, weil dich das an zuhause erinnert. Es erinnert dich an deine Kindheit. Es ist sicher und bequem. Und alles andere wäre unbekannt und daher unsicher und unbequem. Steck deinen Kopf durch die Mauer aus Reispapier und stell dir die Möglichkeit vor, daß dies nicht unsicher wäre. Stell dir vor, wie es wäre, sich an diesem brandneuen Ort völlig sicher zu fühlen und gleichzeitig alles zu haben, was du willst. Was willst du? Vielleicht hat es etwas mit dir selbst zu tun und damit, daß du dich selbst bei der Hand nimmst und dir die Liebe gibst, um die du bei ihm bettelst.

Ein dicker Zauberstab für die Fee

T: Ich möchte von der Fee, daß sie es mir möglich macht, nicht so bedürftig zu sein und meine Bezugsperson bei jeder Gelegenheit sehen zu müssen. Ich stelle meine Angelegenheiten immer hintan, um für ihn Zeit zu haben, auch wenn ich mich vielleicht nicht danach fühle.

O: Wenn du ihn also einen Monat lang nicht gesehen hast und das Telefon klingelt und er sagt: »Hallo, möchtest du mich heute sehen? Ich weiß, du möchtest. Ich weiß, daß du alles liegen und stehen läßt, nur um mich zu sehen!« Und statt daß du sagst: »Oh, ja, Liebling, wann?« ...sagst du vielleicht: »Nun, ich habe gerade dies oder das zu tun, aber wie wäre es mit etwa fünf Uhr nachmittags?« Ist es das, was du meinst?

T: Oh Mann, die gute Fee sollte besser einen dicken Zauberstab nehmen!

Es ist mehr als nur wahrscheinlich, daß die von dir gewählte Option/Aktion das Gefühl einer gewissen Unsicherheit mit sich bringt, da sie auf unbekanntes Gelände führt. Die Sache ist jedoch die, daß du nicht genau wissen mußt, wo du landest, wenn du ins Unbekannte springst! Der Verstand will wissen: »Wie kann ich denn springen, wenn ich nicht weiß, wo ich mit den Füßen lande?« Doch wir müssen solche Sprünge üben, ohne wissen zu müssen, wo wir landen. Das ist der Grund dafür, daß wir mit hypothetischen Optionen arbeiten und nicht mit solchen, die wir auch in die Tat umsetzen wollen. Du springst nicht wirklich, wenn du weißt, wo du landest! Wir begrenzen den Raum unserer Möglichkeiten ausschließlich auf eine Richtung, wenn wir glauben, daß wir wissen, wo wir hingehen, oder meinen, daß wir wissen, wo wir hingehen sollten.

Irgendwie läßt es sich damit vergleichen, daß wir unabhängig von unserer Konfession niederknien und in etwa so zu Gott beten: »Lieber Gott, ich bin dein Diener, dein Wille geschehe. Aber, Gott ich halte diesen Job oder die Leute hier nicht mehr aus. Ich gehöre wirklich nicht hierher und bin überrascht, daß du das nicht früher gemerkt hast.« Das ist keine wirklich tragfähige und vollständige Beziehung zum Leben oder zu Gott oder welches Label du auch immer benutzen willst, um den größeren Zusammenhang zu beschreiben.

Das ist eine kulturelle Gewohnheit. Wir sind gelehrt worden, daß wir nicht nur gierig mehr von dem haben können, was wir wollen, sondern auch zu denken, daß wir wissen, was wir brauchen. Das ist ein großer Fehler. Wir wissen nicht, was wir brauchen. Und wenn du das glaubst, dann ist da die von dir auf Reispapier gezeichnete Backsteinmauer, dann sind das die von dir entworfenen Gitterstäbe.

Es ist weit besser, wenn du an den Punkt kommen kannst, wo du entscheidest: »Daß ich nicht weiß, wohin ich gehe, und ich nicht weiß, was ich wirklich brauche, und ich nicht weiß, was in dieser Partnerschaft für mich das beste ist - ich aber bereit bin, es herauszufinden!« In dieser Offenheit kann alles geschehen. Die Träume deiner Seele können wahr werden und dein Geschick kann Erfüllung finden.

KAPITEL 8

Der Pla-psybo Effekt
(Placebo für die Psyche)

Frage Nr. 6:
Was sind die positiven Ergebnisse, wenn ich die von mir gewählte Option erfolgreich erlebe?

Bei unserem nächsten gemeinsamen Schritt beginnen wir bewußt eine ungeheuer große menschliche Kraftquelle anzuzapfen, die den Menschen natürlicherweise zu eigen ist, aber von den meisten Menschen nicht auf konstruktive Weise genützt wird. Die damit verbundene tatsächliche Funktion tritt auch sonst sehr häufig auf. Wir malen innere Bilder. Wir erzeugen innere Töne, Stimmen und Dialoge. Wir spielen innere Gefühle oder ein Selbstgefühl. Je nach der individuellen Ausgestaltung unserer Persönlichkeit kann das, was wir in unserer Vorstellung sehen, hören oder fühlen in eine negative oder positive Richtung tendieren. Aber nur allzu oft gerät das zu einer Wischiwaschi-Kombination. Einfach deshalb, weil unser Talent des bewußten Zugangs zu dieser Funktion, positive Ergebnisse im Leben zu finden, verborgen bleibt und schläft.

Vielleicht gehörst du zu den vielen Menschen, die bisher nicht wußten, daß man lernen kann, diese Funktion zu benutzen. Hast du bemerkt, daß du häufig von bestimmten Situationen ein negatives Bild zeichnest, das sie so erscheinen läßt, als ob du nicht erfolgreich mit ihnen umgehen könntest? Tatsächlich hat in unseren Schulen dir niemand beigebracht, daß diese Art des Denkens dein Energiesystem schwächt. Um es noch deutlicher zu sagen: es begrenzt deine Schaffenskraft. Wenn du andererseits dieses Bild veränderst und daraus ein positives mit einer gesund gefühlten Erfahrung machst, dann vergrößerst du deine Ressourcen. Bekannte Techniken wie zum Beispiel das NLP (Neurolinguistisches Programmieren) und viele andere Techniken kreativer Imagination haben in der Praxis gezeigt, daß in der Konzentration deiner inneren Sinne auf positive Erfahrung (vergangene, gegenwärtige oder zukünftige), dein Zentralnervensystem angeregt wird. Umfangreiche wissenschaftliche Forschung auf dem Gebiet der Psychoneuroimmunologie, der Untersuchung der Wechselwirkungen innerhalb der Netzwerke des Körpers: des Nervensystems, des Hormonsystems und des Immunsystems, haben ohne den leisesten Zweifel den erstaunlichen Einfluß des Gehirns auf viele immunologische Prozesse bewiesen.

Im Kern heißt das, daß es ein anerkanntes Faktum ist, daß unser seelisches Befinden eine außerordentlich wichtige Rolle dafür spielt, ob es uns körperlich gutgeht oder nicht. Was das Wie dieser Zusammenhänge angeht, steht die Wissenschaft erst am Beginn. Dennoch haben Forschungen über Autoimmunkrankheiten und besonders über rheumatisch bedingte Arthritis derartige Zusammenhänge aufgedeckt, wenn zum Beispiel George Freeman Solomon vom Department of Psychiatry der University of California zitiert wird: »Der ehemalige Präsident der American Rheumatism Association Loring Swaim (1962) kam aufgrund von vielen Jahren Praxiserfahrung zu dem Schluß, daß emotionale Faktoren in der Etiologie (Entstehung) von rheumatisch bedingter Arthritis von entscheidender Bedeutung sind ... Dr. Swain stellte fest, daß der ersten Arthritisattacke fast immer leidvolle Erfahrungen und lange Zeiträume ständiger emotionaler Belastung vorausgehen. Die am häufigsten festgestellten Emotionen waren chronische Bitterkeit und Groll.«[13] Es ist daher keine Frage, daß zumindest ein Teil der Therapie in diesem Falle auf die Veränderung solcher Emotionen abzielen sollte.

In seinem Buch *Unlimited Power* beschreibt Anthony Robbins faszinierend im Detail, wie man ganz spezifische Methoden (einschließlich NLP) benutzen kann, um Denk- und Fühlprozesse so zu steuern, daß sie positive Veränderungen bringen. Er spricht von Informationen, die geistig als innere Sinneswahrnehmungen (d.h. sehen, hören und fühlen) gespeichert sind, die mit dem Fachwort »interne Repräsentationssysteme« bezeichnet werden. In der Beschreibung dessen, was er als Ergebnisse im voraus erfahren bezeichnet, erläutert er, daß »deine inneren Repräsentationssysteme und daher das, was du für möglich erachtest, ebenso durch vorgestellte Erfahrungen, wie du die Dinge in Zukunft willst, verändert werden können wie durch Erfahrungen in der Vergangenheit.«[14]

Für unsere Ziele hier ist es ausreichend, daß du weißt, daß du Kraft in deinen Körper bringen kannst, indem du bewußt diese Informationen von einer neutralen oder negativen Erfahrung in eine positive verwandelst - tatsächlich deine Vorstellungskraft von abstrakten oder unangenehmen Erinnerungen und destruktiven Gewohnheiten der Vergangenheit abziehst und sie auf gute Gedanken, gesunde Ausblicke und vielversprechende Perspektiven der Gegenwart und der Zukunft lenkst. Wenn dann eine Gelegenheit der einen oder der anderen Art auf dich zukommt, dann bist du besser vorbereitet und fähig, sie intensiv zu nutzen und dir damit größere Erfolgsmöglichkeiten zu eröffnen. Obwohl dies keineswegs neu ist (da es in entsprechenden Kreisen schon seit langem im Verborgenen gelehrt wird) ist dies ein mächtiges, fast magisches Werkzeug. Aber Magie ist nur magisch, wenn du den Trick nicht kennst!

Frage: Hast du das Recht, in deiner Wirklichkeit zu deinem Vorteil bewußt Veränderungen zu schaffen? Ich könnte genausogut fragen, ob du das Recht hast, Vitamine zunehmen, oder, um in dem Rahmen zu bleiben, dem wir uns hier nähern: ein Placebo zu nehmen. Aber warum solltest du nicht, statt eine Zuckerpille zu nehmen, die angeblich gegen deine Migräne hilft, dich selbst mit Informationen füttern, die auf dein Zentralnervensystem wirken und zu einem sichereren, schöpferischeren und zentrierteren Selbstgefühl führen? Das Ergebnis solchen Bemühens, das bei richtiger Dosierung der Information zustande kommt ist das, was ich gerne dem »Pla-psybo Effekt« nenne, ein Placebo für die Psyche.

Ich habe mich dafür entschieden zu glauben - und ich schlage vor, du tust dasselbe -, daß du das Recht hast, dieses außergewöhnliche Werkzeug zu benutzen. Ich selbst befinde mich beispielsweise auf meinem Weg zu einem Treffen oder was auch immer auf der Autobahn, sehe mich bereits im Büro des Betreffenden, in der Ecke die Yuccapalme neben dem Fenster, sehe, was auf dem Schreibtisch liegt und ihn dort und mich hier sitzend ... und wir unterhalten uns wunderbar, sprechen ganz laut und natürlich und das Ganze bei 100km/h. Ich bin sicher, daß die Autofahrer, die mich überholen, sehen, wie ich Selbstgespräche führe, und denken, ich hätte sie nicht alle. Doch eine Menge Leute führen »Selbstgespräche«, oder nicht? Du vielleicht auch. Vielleicht jedoch sind sie unbewußt und gehen in eine negative Richtung: »Ich weiß genau, daß sie meinen Vorschlag nicht mögen wird. Sie wird sich wahrscheinlich darauf hinausreden, daß dieser Vorschlag sehr brauchbar ist, aber daß man im Augenblick dafür keinen Bedarf hätte ... blah blah.« Genau das ist es aber, was die meisten Menschen tun, ohne es auch nur zu merken. Wenn ich dann schließlich in der realen Situation ankomme, dann hat das Treffen in mir bereits stattgefunden. Bis dahin habe ich erfolgreich fast jede Falle, jede Hürde und jede Ecke ausgeleuchtet, die zwischen mir und der betreffenden Person ins Spiel kommen könnte. Ich habe all das in mir diskutiert, bin damit umgegangen und habe es geklärt. Es ist schon gelaufen. Ich gehe ganz entspannt dahin, wie wenn die Verhandlungen schon vorüber wären (und in gewisser Weise sind sie das auch). Wenn du mit Hilfe solcher Ressourcen in eine Situation gehst, dann geschieht das in einer entspannten Offenheit dem anderen Menschen gegenüber, wie wenn ihr euch schon verständigt hättet.

Nun stell dir einmal vor, ich hätte die Zeit im Auto damit vebracht, ein möglichst dunkles Bild zu entwerfen. Wie würde ich dann da hineinmarschieren? Wie würde dieser Mensch auf meine Energie reagieren? Wahrscheinlich zu Recht nicht besonders gut, da ich sozusagen mit eingezogenen Schwanz käme. »Danke, Herr Richter, rufen Sie uns nicht an, wir rufen Sie an!«

Wir haben das Recht, wir haben die Wahl, wir haben die Fähigkeit, wir haben das Talent und das Know how, den Versuch zu machen, Resultate nach unserer Entscheidung zu beinflussen.

Der Grund dafür, daß ich den »Pla-psybo Effekt« an dieser Stelle eingeführt habe, ist der, daß du ihn direkt auf die von dir in diesem Kapitel gewählte Option anwenden kannst. Das bedeutet, mit Hilfe deiner inneren Sinne eine Erfahrung zu kreieren, in der die Option mit vollem Erfolg für alle Beteiligten stattfindet. Aber wir benützen diesen Effekt nicht in der Hoffnung, dich zu ermächtigen, diese Option auszuleben. Um es noch einmal zu sagen: das Ziel ist nicht die buchstäbliche, lebenswirkliche Integration dieser Option. Unser einziges Ziel ist, daß du diese ausschließlich positive Erfahrung innerlich machst, wie wenn sie äußerlich tatsächlich stattfinden würde.

Erwarte das Beste, akzeptiere das Schlimmste!

Sicherlich sind dir bei der Betrachtung deiner schlußendlichen Wahloption bestimmte Bilder durch den Kopf gegangen, die in gewissen Einzelheiten beschrieben haben, wie diese Option tatsächlich stattfinden könnte. An diesem Punkt möchte ich dich bitten, deine Vorstellungskraft noch ein wenig aktiver zu benutzen und dich auf eine absolut konstruktive Richtung zu konzentrieren. Entwerfe ein Bild des umfassenden Erfolges. Sieh ihn, höre ihn, fühle ihn! Laß ihn Wirklichkeit werden!
Aber hüte dich vor jeder Abhängigkeit davon, daß dein Traum wahr wird. Ich lege mir das folgendermaßen zurecht: erwarte das Beste und akzeptiere das Schlimmste. Benutze auf der inneren Ebene deinen Verstand, dein Herz, deine ganze Kraft. Gib dich ganz in die Kreation der größten, besten und schönsten Erfahrung hinein, die du machen könntest. Gib alles hinein, was du hast, und tue alles, was du kannst damit sich diese innere Erfahrung ganz wirklich anfühlt. Und dann lege sie in die Hände Gottes oder des Lebens! Dann kannst du sagen: »Dein Wille geschehe« und es auch meinen. Und nicht nur: »Dein Wille geschehe, weil ich meinen lieber nicht einsetze.«
Wir werden immer wieder an unsere Gier erinnert, die Dinge möchten doch so laufen, wie wir das wollen. Aber das wäre wieder der Versuch, einen glitschigen Fisch zu sehr festzuhalten. Der ruhende Pol zwischen Ziehen und Schieben ist der, in dem du das Schlimmste akzeptierst und zugleich alles in das Beste investiert hast. Das braucht ein wenig Übung. Wenn du also deine Energie in die Kreation einer ganz und gar erfolgreichen Erfahrung in deiner Vorstellung investierst, dann lasse jede Form von Gier oder Abhängigkeit los, daß dieses wunderschöne Bild Wirklichkeit werden möge. Das wird für dich in jedem Fall viel besser sein!

Übung: Kreative Imagination

OK, los gehts. Nimm dir einen Augenblick Zeit, um dir noch einmal deine Antwort auf Frage Nr. 5 anzuschauen und dein Gedächtnis bezüglich der tatsächlichen Inhalte deiner Option aufzufrischen. Behalte im Auge, daß diese Option etwas ist, das du hypothetisch statt deiner üblichen zerstörerischen Reaktionsmuster gewählt hast (in einer Situation, in der du von deiner Bezugsperson nicht bekommst, was du erwartest). Du hast diese Wahl unter dem Aspekt getroffen, daß du keinen Fehler machen kannst! In Kürze werde ich dich auffordern, eine innere Erfahrung von deiner Option zu kreieren, die im Kontext eben dieses Szenarios stattfindet. Erinnere dich bitte: es geht um einen hundertprozentigen Erfolg, sowohl nach deinen Maßstäben als auch zum Wohl aller Beteiligten. Zunächst möchte ich dir ein paar Vorschläge machen, und währenddessen kannst du dir erlauben, wirklich ganz daran teilzuhaben und dich davon zu einer größeren Bewußtheit von den Einzelheiten deiner Erfahrung inspirieren zu lassen. Lese das Folgende langsam, um dann deine Augen zu schließen und jeden einzelnen Schritt mit der gebotenen Zeit und Genauigkeit zu machen!

Nimm an Folgendem teil:

Ich atme vier- oder fünfmal tief und langsam ein und aus, atme durch die Nase ein und atme durch den Mund aus. Ich berühre meinen Bauch.

Ich stelle mir eine Umgebung vor, in der sich meine Option am besten verwirklichen könnte, einen Ort, an dem ich mich behaglich fühle.

Ich erlaube mir ein Gefühl der entspannten Anregung, die mir dieser Ort vermittelt.

Vielleicht befindet sich meine Bezugsperson an diesem Ort, vielleicht bedarf meine Option aber auch anderer besonderer Einzelheiten.

Ich kreiere eine angenehme Situation, in der ich fähig bin, die Option/Aktion mit umfassendem und vollkommenen Erfolg zu integrieren.

Ich empfinde deutlich, daß jeder neue Moment mehr und mehr Erfolg bringt. Meine konstruktive Option wird absolut real.

Stell dir weiterhin vor, daß du alle Einzelheiten vor deinem geistigen Augen siehst. Lausche auf den Dialog oder die Geräusche, die du an diesem inneren Ort hörst. Und fühle, wie der Erfolg dir immer mehr Kraft gibt: dich dich besser fühlen läßt, stärker und entspannter. Kreiere die Erfahrung, wie deine Option Wirklichkeit wird und du bis zur Vollendung daran tief verbunden Teil hast. Und gib dich nicht mit weniger zufrieden! Schließe also nun die Augen, sitze aufrecht und nimm dir mindestens fünf Minuten Zeit (oder soviel, wie du brauchst), um dich damit wirklich gut zu fühlen und diese erfolgreiche Erfahrung zu einer inneren Wirklichkeit zu machen.

Großartig! Bitte, wiederhole diese Übung so lange, bis du wirklich von innen heraus lächelst. Und wenn du dann wirklich den Eindruck hast, daß deine innere Erfahrung erfolgreich war, dann greife wieder zu Stift und Papier und mach dir ein paar einfache Notizen über die Gefühle und Eindrücke in deiner Erfahrung. Das wird deine Antwort auf Frage Nr. 6 sein. Deine Beschreibung legst du in großen Buchstaben nieder und setzt davor die Nr. 6. Beginne deine Kommentare mit:

6) **»Meine Erfahrung mit der erfolgreichen Option ist...« und vervollständige dann mit deinen Antworten.**

KAPITEL 9

Das Recht zu entscheiden, was ich glaube

Frage Nr. 7:
Was müßte ich über mich selbst glauben, wenn meine Option sich in der äußeren Wirklichkeit genauso erfolgreich manifestieren würde wie in der inneren?

Dialog in der Gruppe

Zu handeln oder zu sein?

T: Ich müßte glauben: Ich verfüge über bedingungslose Liebe nicht nur für meinen Partner, sondern auch für mich selbst.
O: Beginne bei dir. Die Frage betrifft das, was du über dich glauben müßtest.
T: Ich liebe mich bedingungslos.
O: Richtig. Aber formuliere es etwas anders. Es sollte so formuliert sein, daß es deine Identität unterstreicht ... nicht, ich tue dies, sondern ich bin das.
T: Ich bin bedingungslos liebenswert.
O: Notiere dir das. Das ist es, was du glauben müßtest, wenn die von dir gewählte Option jemals Wirklichkeit würde.

Es wird alles anders:

T: Ich müßte glauben, daß »ich sehr gut für mich sorgen kann«.
O: OK, »ich kann, ich bin fähig«. Das ist eine ganz neue Überzeugung. Und es spielt keine Rolle, ob das jetzt

schon wirklich wahr ist oder ob du wirklich daran glaubst. Wir bewegen uns immer noch im hypothetischen Rahmen.

T: Ich bin fähig, für mich selbst zu sorgen.

O: Weißt du... das klingt irgendwie immer noch etwas eingeschränkt. Du magst zwar dazu fähig sein, aber das heißt noch nicht, daß du auch tatsächlich für dich sorgst. Verwandle also neblige Zukunftsperspektiven in eine solide Gegenwart.

T: Ich sorge gut für mich.

O: Das hört sich viel besser an.

Ob du es glaubst oder nicht:

T: Ich bin auf meinem Weg.

O: Was heißt das?

T: Auf dem spirituellen Weg, den ich meinen Gefühlen nach vor ein paar Jahren verloren habe.

O: Das ist ein bißchen vage. Welche Option hast du gewählt?

T: Meine Aufmerksamkeit mehr meinem eigenen spirituellen Weg zu widmen und nicht so sehr dem meines Partners.

O: Nun, was ist es, das du über dich und deinen Weg glauben müßtest, um dazu fähig zu sein?

T: Daß mein Weg mein Weg ist.

O: Ja, und das würde dir erlauben, deinen Weg zu haben und ihm den seinen zu lassen - ohne zu vergleichen oder zu beurteilen. Ob du es glaubst oder nicht, ist der Weg deines Partners möglicherweise in keiner Form weniger spirituell als der Deine.

Liebenswert genug für was?

T: Ich bin ganz ich selbst.

O: Laß uns das ein bißchen klarer bekommen. Manchmal ist es ganz leicht, eine erweiterte Überzeugung zu finden, indem man die begrenzte untersucht und dann einfach umdreht. Du sagtest, daß deine Option mit einer guten Kommunikation mit Herz mit deiner Bezugsperson zu tun hat. Welche begrenzte Überzeugung hat dich vor allem anderen an einer solchen Kommunikation gehindert?

T: Ich bin nicht genug liebenswert.

O: OK, drehe das um, was kommt dabei heraus?

T: Ich bin liebenswert genug.

O: Liebenswert genug für was?

T: ... um mich auszudrücken, im Positiven wie auch im Negativen.

O: Ja, aber höre auf zu werten, was bekommst du dann? Nimm das Negative und das Positive heraus und lasse den Teil stehen, in dem es um Selbstausdruck geht.

T: Ich bin liebenswert genug, um mich auszudrücken ... ich verdiene es, mich ausdrücken zu dürfen.

O: Wenn diese Überzeugung dir ein gewisses Gefühl von Freiheit gibt, dann schreibe sie auf.

Ich gebe mich hin:

T: Meine neue Überzeugung ist: es ist alles da, was ich brauche.

O: Du könntest hinzufügen, und ich bekomme es. Es ist ja ganz nett, zu wissen, daß alles da ist und daß man auch immer sagen kann, daß es immer da ist, aber was soll das?

T: Ich gebe mich hin und nehme die Tatsache an, daß alles für mich da ist, und dann fühle ich es auch.

O: Nun, wie wäre es dann, die Hingabe in die Formulierung einzuschließen... benutze deine Worte, dein unbewußtes Bildersystem und kreiere ein Juwel von einer Überzeugung, die dich aufrichtet und daran erinnert, wer du bist. Es sollte sich befreiend anfühlen.

T: Ich gebe mich hin ... ich öffne mich dem, was mir das Leben gibt und erlaube ihm, mich zu nähren.

O: Das ist es. Und es ist genau so einfach.

In der Beantwortung von Frage Nr. 7 spielt es keine Rolle, ob die von dir gewählte Überzeugung richtig ist oder nicht. Eine Überzeugung ist in sich weder richtig noch falsch noch etwas, das zufällig passiert. Sie ist einfach eine Wahrnehmung, die du zu machen und zu nähren beschließt.

Wenn übernommene Wahrnehmungen, die für gewöhnlich auch besonders geschützt werden, bedroht sind, dann treten Abwehrmechanismen auf. Das ist auch der Grund, warum sie so weit gehen, einander »im Namen Gottes« zu töten, einfach weil sie verschiedene Wahrnehmungen von Gott verteidigen zu müssen glauben, von dem alle behaupten, daß es nur einen gäbe. An diesem Punkt ist es ziemlich bedeutungslos, welche Wahrnehmung richtig und welche falsch ist.

Für die Menschheit und jede Form von Partnerschaft wäre es dienlich, wenn wir lernen würden, mit unseren Überzeugungen etwas weniger verhaftet zu sein. Wir können damit beginnen, sie als Ausgangspunkt für etwas Größeres zu betrachten, statt vorzugeben, wir wären schon am anderen Ufer des Flusses angelangt. Wenn du deinen Kopf durch eine Schicht Reispapier gesteckt hast, findest du direkt vor deinen Augen ein neues weißes Stück Papier. Es ist völlig in Ordnung, darauf ein neues Bild zu malen, aber bedenke: selbst wenn dieses Bild ein viel helleres ist ... wenn die Überzeugung eine umfassendere ist, zeigt es dennoch lediglich ein weiteres Gemälde auf Reispapier. Und wer weiß? Vielleicht steckst du deinen Kopf eines Tages auch durch dieses.

Im Hinblick auf deine persönliche Entwicklung und die wandelnden Notwendigkeiten, deine Welt als irgendwie greifbare und vertrauliche Wirklichkeit zu gestalten, ist es völlig natürlich, daß sich deine Überzeugungen in einem beständigen Wandlungsprozeß befinden. Sie haben sich in der Vergangenheit verändert, und das werden sie auch in Zukunft tun. Warum solltest du also eine davon nicht ganz bewußt und aus freiem Willen jetzt verändern? Vielleicht zieht es ein Teil von dir vor, auf ein Zeichen des Himmels zu warten, damit du sagen kannst, es sei für dich OK. Das ist genau der Teil von dir, der sich entschieden hat, zu glauben, daß du nicht das Recht hast, eine Überzeugung zu wählen einfach, weil sie dir ein besseres Gefühl gibt. Ich an deiner Stelle würde nicht allzulange auf dieses Himmelszeichen warten. Das Göttliche ist dir vielleicht näher als du glaubst.

Also ... hast du die Wahl zu glauben, was du wünschst? Ist es dein Geburtsrecht, Wahrnehmungen nach deiner Wahl zu entscheiden? Ich hoffe, daß du zumindest für den Rest unseres gemeinsamen Prozesses dazu voll und ganz ja sagst. Und ich spreche nicht darüber, daß du unverzüglich in der Lage sein solltest, an den Inhalt auf Frage Nr. 7 zu glauben, sondern ihn zunächst langsam zu übernehmen und zu nähren - wie du das mit allen Überzeugungen bisher gemacht hast.

Manche Leute sagen: »Ich glaube es erst, wenn ich es sehe.« Andere wiederum meinen, »wenn ich es erst einmal glaube, dann werde ich es auch sehen.« Wir müssen uns nicht für das Eine oder das Andere entscheiden. Vielleicht ist beides angemessen. Aus diesem Grunde wollte ich auch, daß du im letzten Kapitel eine Erfahrung machst. Nicht nur damit die Erfahrung dir helfen sollte, etwas Neues über dich selbst zu glauben, sondern auch, weil du durch den hypothetischen Glauben an etwas, das du in deiner Vorstellung für möglich zu halten bereit bist, bereits entschieden hast, ob du dieser Möglichkeit in deiner Wirklichkeit Raum geben willst.

Wie du siehst, beginnt deine schlußendliche Wahl einer bestimmten Überzeugung damit, daß du eine viel größere Bandbreite möglicher Wahlen überblickst. Für gewöhnlich besteht diese Bandbreite aus einer Menge von Informationen, die von außen kommen, und deinen persönlichen Erfahrungen in der Vergangenheit. Ich könnte beispielsweise glauben, daß der Mensch seinen Fuß auf den Mond gesetzt hat, weil ich es im Fernsehen gesehen habe - in demselben Fernsehen, in dem ich Science Fiction-Filme gesehen habe ... oder daß ich beim Feuerlaufen an meinen bloßen Füßen nicht notwendigerweise Verbrennungen erleide, weil mir das tatsächlich so geschehen ist. Im ersteren Falle glaube ich, daß es möglich ist, daß der Mensch den Fuß auf den Mond setzt (ob es nun tatsächlich geschehen ist oder nicht) und im letzteren wird meine Beziehung zu einer Flamme beim nächsten Mal, wenn ich eine Kerze anzünde, eine sehr viel freundlichere sein. Demzufolge bewirkt die Erfahrung, daß deine Option auf einer inneren Ebene sich erfolgreich verwirklicht, zwei Dinge.

144

Erstens bringt sie dich dazu, für dich an größere Möglichkeiten zu glauben, und zweitens bringt sie diese auf den Weg.

Nun geht es um die Entscheidung, ob du dieses Kind nähren willst oder nicht. Eine Sache ist es, wenn du entscheidest, daß das, was du zu glauben wagst, deine Wahl ist. Als nächstes steht die Entscheidung an, ob du wirklich willst, daß sich deine Wahl auch manifestiert. An diesem Punkt betrittst du eine andere Ebene der Verantwortung. Die Kreation deiner Wirklichkeit kommt immer zu dir zurück. Es ist ein wenig wie bei der Geschichte mit dem Geist in der Flasche. Reibe die Flasche und drück dir die Daumen, daß du die richtigen drei Wünsche gewählt hast! Manchmal merkst du erst dann, daß es nicht das ist, was du wolltest, wenn deine Wünsche in Erfüllung gehen. Vielleicht wünschst du dir fünfundfünfzig Sklaven, eine Million Dollar und eine großartige Geliebte und denkst, daß damit all deine Probleme gelöst werden. Deine Wünsche erfüllen sich, aber die Million Dollar geht im ersten Jahr drauf, um die Sklaven zu verköstigen und deine Geliebte - die beste, die du je hattest - entpuppt sich als Sexmonster, das dir keine Ruhe läßt. Was als unglaublich stimulierendes erotisches Abenteuer begann, ist jetzt der Grund, warum du durch die Gegend läufst, als hättest du die letzten zwanzig Jahre Pferde zugeritten. Nicht schlecht, aber auch nicht gerade ein Erfolg.

Großartige Phantasien und Wunschdenken sind zumeist nur Fluchten aus den augenblicklichen Umständen. Wenn du wirklich eine neue Überzeugung bezüglich einer Selbstkräftigung willst, dann mußt du es in deinen geistigen Computer reinkriegen, daß mit mehr Macht, mehr Möglichkeiten und Freiheit auch größere Verantwortung einhergeht. Wähle deine Überzeugungen weise und so, daß sie der Ebene von Verantwortung entsprechen, die du langfristig wahrzunehmen bereit bist.

OK. Nun möchte ich dich bitten, die innere Erfahrung, wie deine Option sich mit vollem Erfolg verwirklicht, noch einmal zu machen. Sieh es, höre es, fühle es und gehe tief genug hinein, um das erhebende Selbstgefühl wieder zu erleben, das dir deine Teilnahme daran gibt. Verglichen mit dem, was du gewöhnlich in die Beziehung mit deiner Bezugsperson hineinträgst, liegt darin eine erweiterte Identität und daher auch eine weitergehende Überzeugung bezüglich deiner selbst. Schließe nun die Augen und nimm dir ein paar Minuten Zeit, um diese Möglichkeit noch einmal zu erleben. Nur zu, das ist wichtig.

* * *

Ich bin sicher, daß es dieses Mal schon ein wenig schneller gegangen ist. Und es ist wahrscheinlich ganz klar, welche Überzeugung dich am ehesten ermächtigen würde, an einer erfolgreichen Umsetzung dieser Option in der äußeren Wirklichkeit teilzuhaben. Aber vielleicht möchtest du das noch einmal prüfen.

Schau dir noch einmal die Formulierungen an, die du in deiner Antwort auf Frage Nr. 6 benutzt hast (Gefühle und Eindrücke, die du aus dieser Erfahrung mitgenommen hast), die einen Teil dieser erweiterten Identität beschreiben. Diese Formulierungen können dir helfen, als Antwort auf Frage Nr. 7 eine Überzeugung zu strukturieren. Dies ist vielleicht die erste Antwort, in der du von irgendeinem direkten Berührungspunkt mit deiner Bezugsperson ausgehst und ganz und gar zu dir selbst zurückkommst.

Wenn du immer noch Schwierigkeiten hast, dann versuch es doch einmal von einer anderen Ecke aus. Wenn es, wie erwähnt, eine erweiterte Überzeugung gibt, dann muß es auch eine begrenzte geben. Die Frage, die zu ihrer Auffindung führt, lautet: »Welche Überzeugung bezüglich meiner selbst hat es bisher erfolgreich verhindert, daß sich diese Option verwirklicht?« Sobald du dazu klar formulierbare Einsichten hast, drehe diese Formulierungen um oder stelle sie so um, daß sie mit einem positiven und offenen Gefühl verbunden sind. Wenn eine begrenzte Überzeugung wie beispielsweise »wenn ich meine Wut ausdrücke, werde ich zurückgewiesen« wahr wäre, dann könnte die erweiterte sein »ich nehme meine Wut an, wenn ich sie fühle, und bringe sie auf geeignete und gesunde Weise zum Ausdruck«.

Zur Erinnerung an Frage Nr. 7: Was müßte ich über mich selbst glauben, wenn sich meine Option in der äußeren Wirklichkeit genau so erfolgreich manifestieren sollte wie in der inneren?

An dieser Stelle wollen wir der Liste der Antworten noch etwas hinzufügen. Nimm Stift und Papier (oder dein Arbeitsheft) und bringe deine Antwort auf Frage Nr. 7 in die Form einer Feststellung, die du in der Ich- und der Gegenwartsform über dich selbst triffst. Schreibe dies in großen Buchstaben auf und setze die Nr. 7 davor.

7) »...«

Auf jeder langen und anstrengenden Reise gibt es einen Punkt, um innezuhalten und auszuruhen. Manche Reisende konzentrieren sich an diesem Punkt, während sie wieder Atem schöpfen, auf das, was noch vor ihnen liegt und wie weit es noch bis zu ihrem Bestimmungsort ist. Andere richten ihre Aufmerksamkeit auf das, was hinter ihnen liegt und erkennen, wie weit sie schon gekommen sind. Mein Vorschlag ist, daß du an diesem Punkt deines Weges beides tust.

Erinnere dich: Du hast dich zunächst auf der dunklen Seite des Mondes bewegt und nach Erwartungen, Investitionen, Ängsten und zerstörerischen Reaktionsmustern geforscht, die im Schatten deines Umgangs mit deiner Bezugsperson liegen. Nachdem du die Sammlung dieser uralten Schleimerheimer vervollständigt hast, bist du ins Licht direkt auf die Sonne zugegangen. Als die Vergangenheit in deinem Gelächter unterging, hast du Möglichkeiten wie noch nie zuvor erschaut. Eine davon hast du zu greifen gewagt, aufzugreifen und zu fühlen, zu hören, zu schmecken und zu riechen. Du hast sie gemocht! ... und dann überlegt, sie zu schlucken, indem du dich zu glauben entschieden hast, daß du das tatsächlich könntest. Da stehst du jetzt.

Dreh nun einmal den Kopf in diese... ja genau dorthin, ein Stück den Weg hinunter - kannst du dort die Stelle erkennen, wo Licht und Schatten sich treffen? Das ist unser nächstes Ziel. Nachdem wir nun die Phantasien des Mondes und der Sonne hinter uns gelassen haben, werden wir die Fackel jener Einheit an einen Ort tragen, der Erde genannt wird. Wir wollen das Saatkorn in die Erde bringen und es gut nähren.

Teil 3
Erde
Die Vereinigung

KAPITEL 10

Das Ritual der 21 Tage

Frage Nr. 8:
**Durch welche Handlungen werde ich diese Über-
zeugung (Nr. 7) in mir selbst festigen?**

Bei der Erläuterung dessen, was wir hier als »Ritual« verstehen,
wurde weiter oben deutlich, daß es wichtig ist, die Bedeutung des
Rituals in dem Rahmen klar zu verstehen, in dem wir es hier benutzen. Noch einmal: Ritual ist eine bewußte Aussage, die du gegenüber deinem Unbewußten in und durch den Bereich der physischen Wirklichkeit machst. Du fragst dich vielleicht, welche
Aussage du gegenüber dir selbst an dieser Stelle machen könntest. Wirf einfach einen Blick auf die Überzeugung, die du als
Antwort auf Frage Nr. 7 niedergelegt hast. Das wird die Aussage
sein. Du siehst also, es ist nicht die Option (Nr. 5), die du in deine persönlichen Angelegenheiten integrieren wirst, sondern die
Überzeugung bezüglich deiner selbst, die du zu umfassen in der
Lage sein müßtest, um die Option überhaupt Wirklichkeit werden lassen zu können.
Bei diesem nächsten und letzten Schritt in deinem Prozeß im
Umgang mit deiner Bezugsperson (und unvermeidlich auch mit
dir selbst) werde ich dich nach Möglichkeiten suchen lassen, diese Aussage (deine Überzeugung) dir selbst gegenüber auf sehr
praktische Art und Weise zu machen. 21 Tage lang bringst du diese Aussage einmal am Tag bewußt und absichtlich auf die Ebene
des Handelns.
Das bedeutet, daß du nicht einfach vor dem Schlafengehen auf
der Bettkante sitzt und vierzig Mal wiederholst: »Ich bin liebenswert«; darum geht es nicht. Der wiederholte Einsatz von
Affirmationen ist wunderbar, und er kräftigt auch durchaus den
geistigen Bezugsrahmen einer Überzeugung wie der, die du auf-

geschrieben hast. Doch in einem Ritual geht es um mehr. Es gibt dir vielmehr Kraft (beispielsweise »Ich bin liebenswert«) auf ganz physische, gegründete und erdhafte Weise umzusetzen und auszudrücken.

Ernsthafte Aussage/Aussage der Ernsthaftigkeit

Aus welchem Grund richtet sich deine Aussage an dich selbst? Erstens ist es deine Beziehung zu dir selbst, nach der sich alle anderen Beziehungen modellieren. Zweitens, wenn du von deiner eigenen Aufrichtigkeit und Ernsthaftigkeit nicht überzeugt bist, ist es zweifelhaft, ob auf dieser primären Beziehungsebene irgendeine wirkliche Veränderung stattfindet. Mit anderen Worten: was du in diesem Ritual zu dir selbst sagst, ist bei weitem nicht so bedeutend wie die Form, wie du es sagst - das Maß an Bewußtsein und Vollendung, mit dem diese Aussage gemacht wird. Wir wollen uns einmal spielerisch folgendes vorstellen: Deine spirituellen Führer (innere Helfer, wenn du so willst) sitzen irgendwo in der Weite deines Überbewußtseins und spielen Schach, wie das die meisten sehr alten und weisen Identitäten tun. Sie werden vorübergehend durch deinen emotionalen Zustand unterbrochen, nämlich durch deine prickelnde Aufregung darüber, daß du gerade ein großartiges Buch über Partnerschaft gelesen und dabei ein ausgezeichnetes Instrument für eine sichere und klarere Beziehung mit dir selbst und damit für aufregende Perspektiven in deiner Beziehung entdeckt hast. Du bist begeistert und bester Absicht. Klingt das vertraut?

Die spirituellen Führer schauen hinunter und bestaunen das herrliche Feuerwerk von spritzigen, treffsicheren und wunderbaren Worten, die aus deinem Mund direkt in den blauen Horizont dieser Weite schießen: »Meine Gefühle sind es wert, ausgedrückt zu werden« und »Ich nehme meine Fehler an« usw. usw. Sie schauen einander an, blicken seufzend gen Himmel und sagen: »Hör bloß auf! Wie oft haben wir das schon gehört?«, drehen sich um und kehren an ihr ewiges Schachspiel zurück. Aus welchem Grund? Weil sie dich nicht ernstnehmen. Weil du vielleicht nicht wirklich meinst, was du sagst. Weil sie nicht gesehen haben, wie du deine Gefühle tatsächlich ausdrückst, was du für gewöhnlich nicht tust, und nicht gesehen haben, wie du deine Fehler annimmst. Was sie mitbekommen haben, waren Worte, mit denen du dich sozusagen selber dafür auf die Schultern geklopft hast, daß du etwas Gutes für dich und deine Beziehung gefunden hast. Aus welchem Grund nehmen sie dich nicht ernst? Weil du dich nicht ernst nimmst! Im Gegensatz zu dem, was die meisten Menschen gerne glauben möchten, scheint es, daß wir »es« uns beweisen müssen. Wenn du dich wirklich überzeugen kannst, daß es dir mit der Integration dieser Überzeugung und der Veränderung in deinem Kräftehaushalt ernst ist, dann besteht die Möglichkeit, daß du von den Schachspielern in dir eine Menge Unterstützung bekommst. Übrigens: Die Botschaft bringst du nur dann laut und deutlich hinüber, wenn du zu deinem Unbewußten sprichst, und zwar nicht mit Worten, sondern durch tatsächliches Handeln, durch eine bestimmte Form der Aktion. Dies ist für deine Aussage an dein Unbewußtes der Ort der größten Konfrontation und damit der meisten Kraft. Bleiben wir bei dem eben genannten Beispiel und nehmen beispielsweise an, du arbeitest mit der Überzeugung: »Ich bin liebenswert.« In diesem Falle wärst du vielleicht die Art von Mensch, die sich für die Liebe nicht wert und daher für nicht liebenswert hält. Dann könntest du in dein Lieblingsgeschäft gehen und dir die Besonderheit kaufen, von der du nie gedacht hättest, daß sie dir zusteht oder im Rahmen deiner finanziellen Möglichkeiten läge, wie, um zu dir selbst zu sagen: »Ich bin liebenswert, ich liebe mich.« Vielleicht lädst du dich auch in ein schönes, romantisches Restaurant ein, an einen Einertisch mit Kerzenlicht, reichst dir die Karte und sagst: »Mein Lieber, suche dir aus, was auch immer du dir wünschst«, um dann den passenden Wein zu bestellen, der das Ganze abrundet! Dieses Stück Information ist wie ein Wassertropfen auf einen Stein. Wenn genügend Wassertropfen in einem wiederholten und beständigen Rhythmus lange genug auf den Stein gefallen sind, dann entsteht eine Höhlung. »Steter Tropfen höhlt den Stein.« Ich will das Material, das der menschliche Schädel beherbergt, nun nicht unbedingt mit Steinen vergleichen, aber die Analogie ist vielleicht gar nicht so weit hergeholt. Das menschliche Gehirn ist, wenn wir ehrlich sind, von einem Computer nicht so verschieden. Irgendwie binär könnte man sagen: schwarz und weiß, ja und nein. Die in diesem Computer gespeicherten Informationen, Konditionierungen und Erfahrungen der Vergangenheit, machen ihn zu einem ziemlich rigiden Organismus, indem sie dafür sorgen, daß in deinem Alltag immer dasselbe Programm ausgedruckt wird. Unsere Absicht hier ist es, diesen Computer neu zu programmieren, indem wir einen veralteten Chip dadurch ersetzen, daß wir einundzwanzig Tage lang einmal am Tag eine neue Information füttern.

Mit einundzwanzig Tagen sind aufeinanderfolgende Tage gemeint. Wenn du einen ausläßt, dann beginne erneut eine Periode von einundzwanzig Tagen. Ist es dir ernst oder nicht? Das ist die einzige Frage, die du dir beantworten mußt. Die Antwort bedarf einer physischen Terminologie. Und sie soll wie ein steter Tropfen jeden Tag einmal kommen. Wir wollen nicht so tun, als könnten wir mit einem Fingerschnippen über Nacht jemand anderes werden. All die versteinerten Informationen aus der Vergangenheit können nicht mit einem Mausclick erlöschen und so in ein »neues Ich« gehen. Keinesfalls. Wir werden Schritt für Schritt, Stück für Stück und mit sehr viel Geduld vorgehen. Das ist der Unterschied zwischen vorgeblicher Transzendenz und allmählicher, aber gesunder Transformation.

Die oben angeführten Beispiele (wie z.B. dir in deinem Lieblingsgeschäft etwas zu kaufen oder dich in jenes schöne Restaurant einzuladen) repräsentieren die Art von Ritual, die nur gelegentlich eingesetzt werden sollte. Ganz gewiß will ich damit nicht behaupten, daß eine solche Aussage (»Ich bin liebenswert«) nur dadurch gemacht werden kann, daß du für dich Geld ausgibst. Das würde zwar in einem Zeitraum von drei Wochen der örtlichen Ökonomie Auftrieb verschaffen, aber wohl kaum deinem Geldbeutel.

Wenn du genau hinschaust, gibt es noch eine Menge andere Möglichkeiten. Vielleicht gibst du dir die Erlaubnis zu etwas, das du normalerweise nicht tun würdest. Mache einen langen Spaziergang im Wald und genieße den wunderschönen Tag. Oder wie wäre es mit einem Picknick an einem Ort in der Natur, wo du gerne hingehst, es aber selten tust? Vielleicht nimmst du dir auch die Zeit, ein heißes Schaumbad mit deinem bevorzugten Duftöl darin zu nehmen, begleitet von entspannender Musik und verwöhnt von einem Glas Champagner. Jede Handlung, die ein Ausdruck von Selbstliebe ist, und dich sozusagen zu deinem eigenen Liebhaber oder zu deiner eigenen Liebhaberin macht, füttert die Information »Ich bin liebenswert«. Denke daran, es ist nicht nur der Inhalt deines Rituals, sondern auch die Bewußtheit von Bedeutung, in der es gründet.

Vielleicht fragst du dich, ob die Anzahl von einundzwanzig Tagen in diesem Zusammenhang irgendwie besonders bedeutsam ist. Sie ist es, aber nicht aus irgendwelchen mystischen oder numerischen Gründen, sondern weil sie einen Zeitrahmen darstellt, der leicht in drei Wochen zu sieben Tagen aufteilbar ist. Nichtsdestoweniger ist die Zahl sieben symbolisch mit dem Mond als dem mythologischen Herrn der Zeit und der Wandlung assoziiert. Die Zahl drei repräsentiert eine Vorwärtsbewegung über die zwei hinaus, die zugleich den Beginn von dem markiert, was dann als »viele« gezählt wird. Es entspricht meiner persönlichen Beobachtung, daß zwei Wochen der Integration nicht ausreichen und daß es für die Entstehung eines Speicherimpulses, der eine alte Gewohnheit ablöst und eine neue verwurzelt, mindestens drei Wochen Zeit braucht.

Zwei Kategorien von Ritualen

An dieser Stelle sollten wir die zwei Hauptarten von Ritual definieren, die sich für dieses einundzwanzig Tage dauernde Abenteuer eignen. Es sind folgende:

1) Eine Handlung, die jeden Tag mit etwa dem gleichen Zeitaufwand zu etwa dem gleichen Zeitpunkt und etwa dem gleichen Inhalt stattfindet.

2) Unterschiedliche Handlungen, die zu verschiedenen Zeiten am Tag und mit unterschiedlich großem Zeitaufwand durchgeführt werden.

Die erste Kategorie ist zumeist insofern die einfachere Version, als sie lediglich verlangt, daß du deine in diese Form gefaßte Aussage in konstant wiederholter Form umsetzt. Die zweite Kategorie erfordert das, was ich gerne »S & F« nenne: suche und finde. In diesem Fall besteht die Herausforderung darin, den ganzen Tag lang auf den bestmöglichen Moment zu achten, um deine Aussage umzusetzen.

Wenn beispielsweise deine neue Überzeugung (Nr. 7) lautet: »Meine ärgerlichen Gefühle sind es wert, ausgedrückt zu werden«, dann wäre der geeignete Moment für dein Ritual, wenn du dich an dem jeweiligen Tag tatsächlich zu einem gewissen Grad auch so fühlst. Wenn ich sage »zu einem gewissen Grad«, dann meine ich damit auch den geringsten. Und meistens ist es auch am besten, klein anzufangen! Nehmen wir einmal an, du sitzt mit deinen Arbeitskollegen beim Mittagessen, und einer von denen macht eine verächtliche Bemerkung über einen anderen Kollegen, mit dem du eine gute Verbindung hast. Das irritiert dich irgendwie. Normalerweise würdest du aus vielerlei Gründen, von denen in diesem Buch schon die Rede war, nicht reagieren. Doch an diesem Tag erkennst du, daß »dies der Zeitpunkt für mein Ritual ist«, weil du eben für gewöhnlich in genau solchen Momenten mit deinen Gefühlen hinterm Berg hältst. Du sammelst Kraft, atmest einmal tief durch und tust deine Irritation kund. Ganz wichtig ist es, daß du dein Ritual in einer Form begehst, die dich jedesmal ein klein wenig über deine gewohnten Grenzen bringt. Fange also klein an und lasse viel Raum für größere und wagemutigere Möglichkeiten, während du diese dreiwöchige Periode durchläufst.

Ein Beispiel für die erste Kategorie von Ritual wäre, wenn du jeden Tag, sagen wir von 18.00 bis 18.45 eine Dreiviertelstunde für das erwähnte heiße Bad reservieren würdest (»Ich bin liebenswert«). In der ersten Woche kommst du dir vielleicht wie ein Idiot vor, wenn du dich mit so kleinen und doch intimen Dingen wie Kerzen und Musik verhätschelst, an die du vielleicht nicht gewöhnt bist. Im weiteren Verlauf fängst du vielleicht an, dich mit einem von dir bevorzugten Öl oder einer Creme zu massieren. Wer weiß? Vielleicht entdeckst du sogar deine eigenen Genitalien neu und ertappst dich beim Masturbieren. Warum solltest du nicht auf ganz reale körperliche Weise Liebe mit dir selbst machen? Es kann außerordentlich befreiend und heilsam sein, dies in einer rituellen, annehmenden und von Selbstliebe geprägten Atmosphäre zu tun. Was ist falsch daran, deinen Körper zu lieben, wenn du dabei bist, dich lieben zu lernen? Natürlich wurde den meisten von uns in der Kindheit eingebleut, daß »man das nicht tut«, daß es etwas ist, wofür man sich schämen, was man beichten und als Sünde bereuen muß, oder wir haben dafür sogar einen Klaps bekommen. Vielleicht gehörst du zu den Menschen, die in ihren ersten Lebensjahren nicht die Möglichkeit hatten, den eigenen Körper auf natürliche Weise so zu erforschen, wie es sein sollte. Möglicherweise ist es deshalb heute an der Zeit, das nachzuholen: zu lernen, dich und den Tempel, in dem deine Seele wohnt, mit Liebe und Verehrung zu berühren. Es ist ein Geschenk, eine heilige Botschaft, die du zugleich gibst und empfängst, wenn du bewußt und absichtlich dafür sorgst, daß du dich wohl fühlst.

Diese beiden Kategorien mögen dir in jedem Fall einen Orientierungsrahmen geben, in dem du die Wirkungsrichtung deines Rituals klären kannst, das deine Überzeugung auf die Ebene des Handelns bringen soll. Für manche wird vielleicht das eine oder das andere, aber nicht beides geeignet sein. Für andere wiederum sind vielleicht beide Formen abwechselnd das Richtige. Du selbst wirst ein Gefühl für das entwickeln, was für dich am besten ist.

Nun ist es Zeit, zu Stift und Papier (oder deinem Arbeitsheft) zu greifen und einige Ideen für dein Ritual zusammenzustellen. Die Frage Nr. 8 lautet: Durch welche Handlungen will ich diese Überzeugung (Nr. 7) in mir festigen? Natürlich sollten wir nicht jetzt schon genau festlegen, welche dieser Aktionsrichtungen unter Ausschluß von anderen verfolgt werden sollen. Entwickle erst einmal ein Gefühl dafür, welche Handlungen die Energie in eine Überzeugung transportieren könnten und in welche Kategorie (1 oder 2) sie fallen würden. Nimm dir mindestens fünf Minuten Zeit für ein Brainstorming, stelle dir vor, wie du diese Rituale durchführst, und notiere all deine Ideen. Versuche im Augenblick nicht, zu endgültigen Festlegungen zu kommen! Bleib bei den zuletztgenannten Schritten... Beende die begonnene Reise, dann wirst du bald etwas sehr Wertvolles haben, das du integrieren kannst. Du bist schon fast auf der anderen Seite angelangt. Also los, und wir sehen uns in ein paar Minuten wieder...

* * *

Dialog in der Gruppe

Handeln, nicht so tun als ob:
T: Ich müßte glauben: Mitten in dem Chaos und den Aggressionen des Lebens bin ich ruhig, entspannt und daher geschützt.
O: Hast du dich früher angesichts von Aggressionen und Chaos ungeschützt gefühlt?
T: Absolut, und zwar bis zu dem Punkt, wo ich ausflippte und genauso aggressiv und bissig wurde wie meine Umgebung. Für gewöhnlich bin ich mit mir daher überfürsorglich, um das wenigste zu sagen. Wenn ich aber nach etwas suche, das ich 21 Tage lang als Ritual durchführen könnte, dann komme ich nicht weiter. Es ist ja nicht gerade eine Handlung, wenn ich einfach ruhig bleibe und mit dem Gefühl Kontakt aufnehme, geschützt zu sein! Braucht es für mein Ritual nicht eine Handlung?
O: Ja, aber manchmal ist nicht zu handeln die tiefere Form des Handelns. Das Ritual muß dich nicht unbedingt zwingen, etwas zu tun. Meistens ist das zwar der Fall, aber in manchen Fällen kann die größere Herausforderung darin bestehen, nichts zu tun. Das gilt besonders für Dinge, die du zu tun gewohnt bist. In deinem Fall liegt das eigentliche Handeln auf einer inneren Ebene: dich selbst zur Ruhe zu bringen und dort zu bleiben, auch wenn rings herum alles verrückt spielt. Du wirst zum Auge des Wirbelsturms!
T: In der Arbeit werden sie mich nicht wiedererkennen. Sie werden glauben, ich sei ein anderer Mensch!
O: Das bist du.

Von der Patience zum Pfänderspiel

T: Eines der größten zerstörerischen Muster in meinem Leben ist mein Hang zur Isolation. Ganz stark hatte ich das Gefühl, als ich den Charakter des kleinen Mädchens gespielt habe. Eine Idee für mein Ritual ist die, einmal am Tag aus dieser Isolation herauszutreten.

O: Das ist wunderbar, aber was war deine Option für die Isolation?

T: Mich nicht mehr zu verstecken und ohne Angst in Beziehung zu treten. Meine Angst zu überwinden, irgendwie als Idiot oder Dummerchen betrachtet zu werden.

O: Und was müßtest du über dich glauben, damit das möglich wird?

T: (Pause) Ich müßte ein Gefühl von Sicherheit haben ... und, daß ich auch mit meinen Schwächen in Ordnung bin, so wie ich bin. Ich müßte wirklich glauben, daß es gut für mich ist, mich in meiner Schwäche oder meiner Stärke zu zeigen, gleichgültig, was die anderen denken!

O: Das stimmt. Aber gehe einen Schritt weiter. Warum sollte irgend jemand dich wegen dem, was du zeigst, verurteilen oder zurückweisen?

T: Weil das, was ich zeige, nicht gut genug ist. Ich bin nicht gut genug ... um mich dem anderen wirklich zu zeigen. (Pause) ...Oh, was da also hinein muß, ist, daß ich gut genug bin, und daß ich gut genug für mich bin so, wie ich mich zeige.

O: Wie könntest du dir das in einer handelnden Form sagen? Du siehst, es ist nicht nur eine Frage des »aus der Isolation Heraustretens«, wie du vorhin meintest, sondern auch ein Frage von der Berührbarkeit, Integration und Unschuld.

T: Mich zu zeigen! Mich mit allem, was ich habe, offen zu zeigen, ohne daß ich mich beurteile!

O: Hast du irgendwelche Ideen?

T: (Pause) ...Es gibt diese Momente, ... wo ich mich besonders zurückhalte, wenn ich auf so dumme Gedanken komme, davon träume, die besonderen Kleinigkeiten in meinem Leben zu teilen...

O: Wie zum Beispiel...

T: Oh, ich weiß nicht, Kleinigkeiten. Mir kommen gerade Zweifel, ob irgend jemand außer mir gerne zu Hause bleiben und stundenlang Mozart hören und Patience legen würde.

O: Nun, wie wäre es, du würdest das Risiko eingehen, jemanden einzuladen, deine magische Welt zu erleben. Ich würde nicht vorschlagen, damit zu beginnen, weil es besser ist, mit einer Handlung zu beginnen, die weniger Zeit und Energie braucht, aber es ist ein gutes Beispiel für eine Möglichkeit. Das könnte ein Ritual für einen Tag sein. Übrigens habe ich gehört, daß Mozart als Begleitung zu einem Pfänderspiel viel aufregender ist als beim Patiencelegen!

Hier haben wir also die Notwendigkeit erkannt, für eine Gelegenheit zum Ritual wach zu bleiben (Kategorie 2). Einmal am Tag wird sie (die Frau aus diesem letzten Beispiel) eine Situation suchen und finden, wo sie sich gewöhnlich in Selbstzweifeln versteckt, und bewußt eine Handlung durchführen, die ihre innere Schönheit zeigt, und dabei unschuldig bleiben, d.h. sich nicht beurteilen. Das kann dafür gelten, daß sie ihre magischen Vorstellungen, Phantasien oder Talente mit jemandem teilt oder eine Meinung, ein Gefühl bzw. einen Wunsch äußert. Jede dieser Handlungen ist ein Beweis für und eine Erfahrung mit einem aktiven Schritt zu größerer Selbstliebe.

Ein wichtiges Detail bezüglich deiner Rituale in Kategorie 2 möchte ich noch klären, während du weiterhin Möglichkeiten deiner Rituale erkundest und über andere liest. Wenn du nach einer geeigneten Gelegenheit suchst, um deine Aussage in Handlung umzusetzen, dann kann es häufig geschehen, daß du im Laufe des Tages diese Gelegenheit im Zusammenhang mit deiner Bezugsperson findest. Das sollte jedoch nicht immer so sein. Es könnte diesen armen Menschen nämlich verrückt machen. Deine Bezugsperson hat in diesem Prozeß als eine Art Spiegel fungiert, der dir dein eigenes Bild zeigt. Da diese neue Überzeugung dich selbst betrifft und daher sich immer mehr auf dein Selbstbild auswirken wird, ist es in den meisten Fällen das beste, diese Überzeugung in Kontext all deiner Beziehungen zum Ausdruck zu bringen. Vielleicht findet dein Ritual an einem Tag in Verbindung mit deiner Bezugsperson statt, und am nächsten Tag könntest du es möglicherweise für dich allein oder im Zusammenhang mit einem anderen Menschen, einer Situation oder einer Gruppe vollziehen. Wichtig ist dabei, daß du den Kontext immer wieder veränderst und deinem Speicher diese neue Information in so vielen verschiedenen Situationen wie irgend möglich fütterst.

Zeit genug:
T: Ich habe ein paar Ideen für mein Ritual. Ich möchte mir die Zeit nehmen, meine Wohnung zu verschönern und etwas für meinen Körper zu tun, wie z.B. zum Fitneß oder in die Sauna zu gehen.
O: Wunderbar. Und ich kann deine Motivation und deine Freude fühlen, wie du darüber sprichst. Da ist ein ganz starkes Gefühl von Erlaubnis, wie wenn du plötzlich darauf gekommen wärst, »ich darf«, wie wenn deine Mutter sagen würde: »Das ist in Ordnung!«
T: Ja, ich fühle diese Freiheit ... einen Impuls, mir die Zeit für das zu nehmen, was ich brauche. Und das ist es auch, worum sich meine Überzeugung und meine Aussage insgesamt dreht. »Ich habe mehr als genug Zeit, um mir zu erlauben, das Leben rundum zu genießen.«
O: Worum es hier wirklich geht, ist Mami und Papi adieu zu sagen und dir selbst eine gute Mutter, dir selbst ein guter Vater zu werden. Das bedeutet, sie nicht mehr um Erlaubnis dafür zu fragen, von ihnen keine Bestätigung mehr für dieses oder jenes zu erwarten, sondern in dich zu gehen, dich mit deinem Bauch zu verbinden und zu sagen: »Moment, ich bin jetzt erwachsen.«
T: ...und das ist schon längst fällig!

Cappucino mit Konsequenzen

T: Für mein Ritual möchte ich mehr mit kulturellen Dingen befaßt sein.

O: Was ist deine Überzeugung bzw. deine Aussage?

T: Ich bin wertvoll genug, um auszudrücken, was ich in mir fühle.

O: Was wirst du also tun, um diese Überzeugung zu stützen?

T: Mit Menschen sprechen, ein Theaterstück sehen oder einfach mit Freunden in ein Cafe gehen.

O: Okay. Diese Überzeugung mündet in den Ausdruck von Gefühlen, Meinungen, Talenten und Vorstellungen. Wenn du schon vom Theater sprichst, solltest du vielleicht über die Rolle des Zuschauers hinausgehen und dich in der Tat einer Theatergruppe anschließen und dich durch Schauspielerei, Tanz oder Gesang ausdrücken. Meiner Meinung nach ist die Herausforderung hier die, dich gerade ein wenig über deine alten Grenzen der Ausdrucksfähigkeit hinauszubewegen, dich dabei wohlzufühlen und damit auch ein gewisses Maß an Spaß zu haben.

T: Es fällt mir etwas schwer, einen solchen Schritt in Betracht zu ziehen.

O: Gut, dann stelle dir vor, du sitzt mit einem Freund im Cafe. Nach mindestens vier Cappucinos war Zeit genug, sich durch die vielen oberflächlichen Ebenen der Konversation tiefer zu begeben. Plötzlich merkst du, daß es da etwas gibt, das du diesem Menschen wirklich gerne mitteilen und über das du mit ihm auf einer tiefergehenden Ebene sprechen möchtest. Das ist der Augenblick, in dem du dich entscheiden könntest, dein Ritual durchzuführen! Atme einmal tief durch, gehe in deinen Bauch, erinnere dich an deine Aussage und sage zu dir selbst so etwas wie: »Okay, jetzt ist es Zeit ... ich wage es.« Dann dehnst du deine Aufmerksamkeit über dich selbst hinaus aus, verbindest dich mit diesem Menschen durch Blickkontakt und sagst: »Es gibt etwas, worüber ich wirklich gerne mit dir sprechen würde« und fährst dann fort.

T: Ja.

O: Das ist der Augenblick, in dem sich alles verändern kann. Es ist ein Augenblick großer Kraft, in dem du dein eigener Lehrer wirst. Und die Lektion lautet: »Ja, ich bin es wert, mich auszudrücken.« Du wirst sehen, die Erfahrung, deine Gefühle auszudrücken, war nicht halb so schwierig, wie du dachtest, sondern höchstwahrscheinlich sehr befriedigend. Diese Lektion gibt dir die Kraft und die Motivation, dein Ritual morgen zu wiederholen. Und wenn du auf diese Weise für heute deine Aussage gemacht hast, kannst du noch einen Cappucino trinken und das Ganze vergessen!

Sorge in jedem Fall dafür, daß dein Ritual Kraft hat, gleichgültig wie unbedeutend die Handlung oder wie kurz die dafür benötigte Zeit sein mag. Mache keine halben Sachen. Das Ritual hat dann Kraft, wenn seine Durchführung mit einem gewissen Maß an Schwierigkeit verbunden ist, dir aber dennoch den Kick, die Inspiration gibt, es morgen zu wiederholen.

Nun ist es wieder an der Zeit, zu Stift und Papier (oder deinem Arbeitsheft) zu greifen. Zunächst einmal betrachte dir noch einmal genau deine Antwort auf Frage Nr. 7 (die Überzeugung) und sorge dafür, daß du innerlich mit ihren sich erweiternden und befreienden Qualitäten in Kontakt bist. Wisse und fühle, was du dir wirklich mitteilst, indem du diese neue Überzeugung übernimmst. Dann gehe noch einmal durch deine Notizen, die du dir zu Ideen für dein Ritual zuvor gemacht hast. Vergegenwärtige dir währenddessen deinen Zeitplan der nächsten paar Tage, die Menschen, denen du begegnen wirst, und die Orte, an denen du sein wirst. Sichere dir mindestens ein oder zwei der einfachsten und klarsten Handlungen, mit denen du die ersten ein oder zwei Tage deines dreiwöchigen Rituals beginnst. Fange klein an, mit etwas Praktischem, doch fordere dich ruhig ein wenig. Nimm dir dafür soviel Zeit, wie du magst, da dies sehr wohl der wichtigste Schritt für einen vertrauensvollen Beginn sein kann. Ich werde hier auf dich warten.

* * *

Wunderbar. Ich hoffe, du fühlst dich mit der Handlung oder den Handlungen wohl, die du für den Beginn deines Rituals ausgewählt hast.

Und wenn du dich damit nicht wohlfühlst oder überhaupt nicht das Gefühl hast, daß ihre Durchführung positive Ergebnisse erbringt, dann bitte halte hier inne und gehe in deinem Prozeß so weit wie nötig zurück, um sinnvollere und ehrlichere Antworten auf die Fragen zu finden. Andererseits kannst du dir natürlich nie ganz sicher sein, daß die von dir gewählten Handlungen »richtig« sind, bis du sie in den Alltag integrierst.

Nun gilt es, die von dir für den ersten Tag des Rituals gewählte Handlung in einem einfachen Satz zusammenzufassen, damit du in deiner Formulierung so klar und genau wie möglich bist. Schreibe diese in großen Buchstaben auf und setze die Nr. 8 davor. Beginne den Satz mit den Worten:

8) »Ich werde mein Ritual heute beginnen, indem...« und vervollständige den Satz.

Wenn die von dir ins Ritual gefaßte Handlung direkt absolut nichts mit deiner Partnerschaft zu tun hat, kannst du dich natürlich fragen, wie du auf diese Weise lernst, an deinen Partnerschaften auf eine konstruktivere, heilendere und erfüllendere Art teilzuhaben. Die Durchführung dieses dreiwöchigen Rituals gleicht dem Anstoß eines Dominosteines in einem ganzen Spiel. Wir gehen zu den Wurzeln von der Art und Weise zurück, wie du mit dir selbst in Beziehung trittst, d.h. zu den Wunden deiner Kindheit. Das ist der Punkt, an dem wirkliche Verwandlungsarbeit beginnt.

Alles andere liegt an der Oberfläche. Du kannst es zusammenflicken, es colorieren und dafür sorgen, daß es hübsch aussieht, aber du mußt unvermeidlich zu den ursprünglichen Impulsen zurückgehen, die die Risse und Lücken verursachen. Du mußt zurückgehen und mit dem ursprünglichen Schmerz arbeiten, d.h. mit den Informationen, die dir fehlen. Im Beispiel der Überzeugung von »Ich bin nicht liebenswert« hast du wahrscheinlich nie die Botschaft bekommen, daß du liebenswert warst. Das bedeutet heute, daß du dir das selbst beibringen mußt. Kannst du das? Ja, du kannst es! Das geschieht zwar nicht über Nacht und auch nicht morgen. Gib nicht vor, dich zu verwandeln, aber verhilf dir zur Veränderung.

Aus diesem Grunde ist es auch wichtig, daß du in diesen einundzwanzig Tagen das Ritual nur einmal im Tag durchführst. Versuche beispielsweise nicht, dein Leben in die Maxime zu verwandeln: »Ich liebe mich«. Weder du noch die Menschen um dich herum würden das mehr als höchstens drei Tage aushalten können! Dies würde deine Schaltkreise zusammenbrechen lassen. Eine Zeitlang könntest du darin stark sein, dann würdest du ausbrennen und dich an einem Punkt weit hinter deinem Ausgangspunkt wiederfinden. Gib dem Pflänzchen heute nur einmal Wasser. Im Zeitraum von einundzwanzig Tagen wächst dieses Pflänzchen gleichmäßig, wenn auch langsam, und markiert den Beginn einer neuen Beziehung zu dir selbst, zu einem neuen und erweiterten Selbstwertgefühl. Meiner Erfahrung nach ist dies der tiefgreifendste Ansatz, eine neue Beziehung mit deiner Bezugsperson zu beginnen. Also konzentriere dich jetzt auf dich selbst. Dann kommt alles auch zu dir zurück.

Dem Ritual Kraft verleihen

Folgende Schritte sind notwendig, um deinem Ritual Kraft zu verleihen:

a) Für den Augenblick entscheiden
b) Einchecken
c) Deine Aussage bestätigen
d) Die Handlung ausführen

Natürlich ist eine klare Entscheidung, mit deinem Ritual fortzufahren, in dem Moment hilfreich, wenn du erkennst, daß jetzt der Augenblick gekommen ist. Etwas, auf das ich noch mehr Nachdruck legen möchte, ist die Bedeutung dessen, daß du dein Ritual in einem hohen Grad von Bewußtheit, Zentrierung und Gegenwart durchführst. Der beste Bezugspunkt für diese Elemente in deinem Körper ist der Bauch, der Unterbauch. Indem du (wie in der »Übung in Atem und Aufmerksamkeit«, Kapitel 7, Option/Aktion A) einfach lernst, deine Aufmerksamkeit und deinen Atem auf den Bauch zu richten, bekommst du mehr Zugang zu dir selbst und damit zu einem entspannteren und wacheren Bewußtseinszustand. Ich möchte dich ermuntern, genau damit die Durchführung deines täglichen Rituals anzugehen. Unabhängig davon, in welche Kategorie dein Ritual gehört, ist das »einchecken« ein Muß, damit du diese angenehme Befindlichkeit in dir selbst erlebst, bevor du irgendetwas nach draußen umsetzt. Das klingt vielleicht nach einer Menge Arbeit, ist es aber nicht. Mache einfach die »Übung in Atem und Aufmerksamkeit« ein paarmal, verankere den Bezugspunkt in Körper und Geist. Das wird dich befähigen, diesen Zustand schneller zu erreichen. Wenn also der Augenblick gekommen ist, der für die Durchführung deines Rituals am wirksamsten ist, ist das erste, was du tust, dich zu entspannen, zu atmen und nichts im Universum wichtiger sein zu lassen als deinen Bauch. Mit einiger Übung bedarf es nur zehn bis fünfzehn Sekunden, um dies mit vollkommenem Erfolg zu tun.

Wenn du dann spürst, wie dieser warme Energiestrom sich in deinen Körper ergießt, weißt du, daß du für den nächsten Schritt bereit bist: dir deine Aussage zu vergegenwärtigen. Wenn du dein Ritual auf einer oberflächlichen Ebene in Aktion bringst, lediglich im Tun und nicht im Sein, dann wird das dein dreiwöchiges Ritual aus dem einfachen Grund zu einem raschen Ende bringen, weil es so unerträglich langweilig ist! Die Form muß mit Inhalt gefüllt werden. Sei dir der Intention hinter deiner Aktion bewußt. Vergegenwärtige dir, was du durch diese Aktion dir selbst gegenüber zum Ausdruck bringst. Also erinnere dich an die tatsächliche Aussage deines Rituals in den Worten, die du dafür gewählt hast, genau in dem Augenblick zwischen dem einchecken in deinem Bauch und dem Beginn deiner Aktion. Das wird deiner Erfahrung viel mehr Kraft verleihen, und es wird den Grad deines Erfolgs steigern, mit dem du diese neue Information in den Computer zwischen deinen Ohren und in dein Nervensystem fütterst.

Was die tatsächliche Aktion, die Handlung deines Rituals betrifft, sollte sie auf jeden Fall mehr Freude als Frust bedeuten, etwas, dem du gespannt entgegensiehst, und nicht etwas, dessen bloßer Gedanke dir schon Unbehagen einflößt. Wenn dem nicht so ist, dann solltest du eine andere Möglichkeit in Erwägung ziehen. Und natürlich: Die jeweilige Handlung sollte dich stets ein wenig über deine üblichen, alten Grenzen hinausbringen... Wenn du aber feststellst, daß sie dich so weit darüber hinausbringt, daß sie dich nicht mehr anregt, dann bist du am Punkt ohne Wiederkehr angelangt.

Dabei ist es nicht nur wichtig, eine gute Zeit zu haben, sondern auch genau zu sein. Sagt deine Handlung wirklich das aus, was in deiner Absicht liegt? Bringt deine Aussage das zum Ausdruck, was wirklich gesagt werden muß? Vielleicht stellst du nach ein paar Tagen fest, daß die Antwort in beiden Punkten nein ist, und daß in der Tat eine andere Handlung und / oder Neuformulierung deiner Aussage das Ganze mehr auf den Punkt bringen würde. Du bist völlig frei darin, die Handlung und / oder die Aussage deines Rituals zu verändern. Fange einfach noch einmal mit dem einundzwanzig-Tage Zyklus an. Beständigkeit in Versuch und Irrtum bringt Klarheit. Sei also bereit, nicht nur Fehler zu machen, sondern auch Veränderungen einzuführen. Auf diese Art kann deine außerordentlich ernsthafte Aussage äußerst spielerisch, mit Spaß und Leichtigkeit, in die Wirklichkeit umgesetzt werden.

Vertrag:
Schließe mit dir einen kleinen Vertrag ab, bevor du beginnst. In unserer Kultur verbinden wir einen Vertrag mit der Vorstellung einer Übereinkunft von zwei Parteien über eine Verpflichtung, die es einzuhalten gilt. Laß diesen »Vertrag« eine Übereinkunft zwischen dir und dir selbst sein - ein einfaches Stück Papier, das besagt, daß du in den folgenden einundzwanzig Tagen an einem Ritual teilnehmen wirst, das dazu dient, deine Überzeu-

gung/Aussage in der Welt des Handelns zu verankern. Stelle sicher, daß du diese Überzeugung/Aussage auch schriftlich niedergelegt hast, so daß du sie leicht nachlesen kannst und sie dich daran erinnern mag, welche Aussage du dir selbst gegenüber machst (es besteht die Tendenz, dies zu vergessen). Setze das aktuelle Datum (heute!) ein und das Datum nach Ablauf der einundzwanzig Tage und unterzeichne dann mit deinem Namen.

Arbeitsheft:
Wichtig ist auch, dir klarzumachen, daß du dir vielleicht in der ersten Woche ein wenig blöde vorkommst. Das liegt daran, daß du Neuland betrittst. Alle möglichen Arten von Gefühlen werden aufkommen. Stelle sicher, daß du sie in einem Arbeitsheft festhältst. Führe ein kleines Arbeitsheft, in dem du besonders deine täglichen Erfahrungen mit dem Ritual festhältst. Ein paar Zeilen sollten genügen. Rotze (wenn du den Ausdruck entschuldigen magst) alle deine Gefühle auf das Papier, ohne sie zu bewerten. Wenn es dir lieber ist, können deine Notizen relativ einfach und allgemein gehalten sein, sorge jedoch dafür, daß du das Gefühl hast, alles notiert zu haben und die entsprechenden Gefühle in irgendeiner Form ausgedrückt zu haben. Was auch immer du für Gefühle hast - wunderschöne, seltsame oder merkwürdige - sie müssen zum Ausdruck gebracht werden. Schreiben ist eine gute Möglichkeit. Wenn du schließlich deine Notizen am Ende der einundzwanzig Tage durchliest, dann hilft das auch, die Fortschritte zu enthüllen, die du in diesem Zeitraum gemacht hast. Das kann mit großer Freude verbunden sein.

Laß dich nicht frustrieren, auch wenn du dich während des Rituals ein wenig aus dem Lot gebracht fühlst. Es ist so, wie auf einem Planeten gehen zu lernen, wo die Schwerkraft entweder viel größer oder viel kleiner als die gewohnte ist. Betrachte es einfach so: Du bringst deinem inneren Kind das Laufen bei. Dein Kind lernt das Laufen nicht, ohne hinzufallen. Dieses Kind jedenfalls ist lange genug gekrabbelt und nun bereit, in seiner Entwicklung weiterzugehen. Und da du dein eigener bester Lehrer bist, kannst du lernen, diesem Kind das Hinfallen zu erlauben.

Du wirst auf deinem Weg gewiß Fehler machen, und du mußt entscheiden, daß es okay ist, diese Fehler zu machen.

Wie schon gesagt, ist diese Vorgehensweise sehr subtil und indirekt. Statt den Versuch zu machen, das alte Haus mit deinen bloßen Händen niederzureißen oder es mit einem netten Stab Dynamit in die Luft zu jagen, wirst du einen nahen Fluß so umleiten, daß er an den vier Stützpfeilern des Hauses vorbeifließt und die Erde fortspült, die das eigentliche Fundament bildet. Erwarte also nicht, das Haus vom Dach abwärts Stück für Stück einstürzen zu sehen. Viel wahrscheinlicher wirst du eines Tages erkennen, daß das Haus ohne deine bewußte Wahrnehmung in sich zusammengefallen ist - langsam weggewaschen durch den sanften Strom.

Am Ende deines einundzwanzigtägigen Rituals wirst du bereits einige überraschende und angenehme Veränderungen auf der Ebene deiner Selbstwahrnehmung bemerkt haben. Es ist ein Gefühl, ein wenig wacher, aufmerksamer zu sein, im Bewußtsein dessen, daß du deine alten Grenzen überschritten und eine tiefere sowie vertrauensvollere Beziehung zu dir selbst gefunden hast. Bade ruhig in dieser nährenden und kraftspendenden Energie. Du wirst feststellen, daß du mit dir selbst und deiner Bezugsperson auf eine völlig neue und viel erfüllendere Weise in Beziehung trittst. Auf eine Weise, die deinem eigentlichen Wesen besser entspricht und zum Wohle aller Beteiligten gereicht. So sei es!

Epilog

Mein Mond in drängender Erwartung,
gierig und bedürftig...
verblutendes Leben in einer Lache von
Manipu-liquidation.
»Ich will, ich will!« schreit dieses Kind
geschlechtsloser Wallstreet Broker,
gebrochen, abgebrochen... zusammengebrochen
und bettelnd.
Ungestümer Versuch...
Verzweifelt den vollkommenen Traum zu erhaschen.
Ich lebe einen Alptraum und träume davon, den zu vernichten
der sich weigert, weil er nicht kann oder will,
sich mir zu verpflichten.
Erinnere dich
der Mond ist der Freund des Schattens
im Tanz durch den Raum,
die Liebe
und den Willen.

Ein bemalter Käfig aus Reispapier,
Risse, es löst sich, es geht entzwei... warte,
da will etwas durchscheinen...
Die Sonne; meine Bestimmung, mein Schicksal?
Nun, mag sein.
Und doch immer noch nur ein weißes Stück Papier
Es hängt flach und dünn und knisternd trocken.
Eine neue Bemalung...
Ist dies der Pfad,
wiedergeboren, um zu sterben, und wiedergeboren zu werden
jeden Tag?
Wäre es mir vergönnt,

mit dir noch einmal zu tanzen,
es geschähe fürwahr im Geist des Mitgefühls,
denn endlich
wäre ich mit Gefühl da.

Sonne Mond kommt. Ich bin bereit,
umkreisend
sie mich und ich ihn,
im großen ineinander.
Rasch zur Erde fällt
das befruchtete Ei der Einheit,
von der Vernichtung errettet
durch meine Hingabe zur rechten Zeit.
Aufgefangen
durch meine eigene
sanfte Reife.

Ich danke dir, liebe Leserin, lieber Leser, für dein Durchhaltevermögen, deinen Mut und deine Ehrlichkeit, die du in der Teilnahme an der Arbeit in diesem Buch bewiesen hast. Ich habe volles Vertrauen, daß unsere gemeinsame Erfahrung dir und all deinen Partnerbeziehungen dienen wird und ein Geschenk ist, das du oft verwendest und mit anderen teilst. Für mich war das Schreiben dieses meines ersten Buches eine freudvolle und inspirierende Erfahrung, eine neue Möglichkeit zu finden, die Dinge mitzuteilen, die mir im Leben und im Herzen so nahe sind. Ich danke dir, daß du mir diese Gelegenheit gegeben hast.
Ich wünsche dir viel Kraft, Liebe und Demut in all deinen Ritualen des Lebens. Mit jedem Atemzug machst du eine neue Aussage, die die Qualität deines Lebens bestimmt. Bleib in deinem Bauch und atme weiterhin ein »Ja«! Und übrigens, meine allerbesten Grüße an deine Bezugsperson. Wir sprechen uns...

Otto Rudolph Richter

Die acht Fragen

Ich hoffe ernsthaft, daß du diese Fragen benutzen wirst, um dir zu helfen, deinen Beitrag zu anderen Partnerschaften in deinem Leben ebenso zu klären, wie du es hier mit deiner Bezugsperson getan hast. - Otto Rudolph Richter

1) Was erwarte ich zur Zeit am meisten von meiner Bezugsperson?

Was möchtest du, daß dieser Mensch für dich tut? Was möchtest du, daß dieser Mensch dir gibt? Was glaubst du, daß du von ihm oder ihr verdienst? Beginne mit: »Ich erwarte...«.
(Mutter/Vater) In der Ähnlichkeit oder im Gegenbild: Zu welchem Elternteil besteht ein deutlicher Bezug?

2) Was biete ich meiner Bezugsperson, das mir das Recht gibt zu verlangen, was ich erwarte?

Wenn deine Art zu geben nicht immer bedingungslos ist, dann gibt es Dinge, die du gibst, tust oder sagst, von denen du hoffst, etwas dafür zurückzubekommen, vielleicht auf subtile Weise oder aber - viel wahrscheinlicher - in Form von beachtlichen Dividenden. Beginne mit: »Ich biete...«.
(Mutter/Vater) In der Ähnlichkeit oder im Gegenbild: Zu welchem Elternteil besteht ein deutlicher Bezug?

3) Was ist in meiner wildesten Phantasie das Schlimmste, das passieren könnte, wenn ich niemals das bekomme, was ich von meiner Bezugsperson erwarte?

Wenn du glaubst, die endgültige Antwort gefunden zu haben - schau noch einmal hin. Hilfreich ist es, wenn du dich fragst: »Was passiert dann?« Fahre damit fort, bis du so nahe wie möglich an die Wurzel deiner existentiellen Angst kommst. Beginne mit: »Das, was ich am meisten vermeide, ist...«.

4) Was genau tue ich meiner Bezugsperson und/oder mir selbst an, wenn meine Erwartung nicht erfüllt wird?

Im Gegensatz zu einer »Aktion«, die das Ergebnis einer aus dem freien Willen heraus getroffenen Entscheidung ist, ist eine »Reaktion« ein zwanghaftes und gewohnheitsmäßiges Verhalten, das von einem Reizpunkt in der

Beziehung ausgelöst wird. Schau dir mit brutaler und objektiver Ehrlichkeit deine typische Reaktion darauf an, daß du nicht bekommst, was du in Frage 1) erwartest. Beginne mit:»Meine ganz typische Reaktion ist...«.

5) Was würde ich im Wissen, daß ich keinen Fehler machen würde oder könnte, stattdessen (anstelle von Nr. 4) zu tun versuchen, wenn meine Erwartung nicht erfüllt wird?

Stelle dir mit einer hundertprozentigen Erfolgsgarantie für alle dir gemäßen richtigen Bedingungen spielerisch vor, du bist in der Lage, dein typisches zerstörerisches Reaktionsmuster zu vermeiden und es in einer bewußten Aktion durch einen konstruktiven Beitrag zu ersetzen. Welche hypothetische Aktionsrichtung würdest du wählen? Beginne mit:»Wenn ich wüßte, daß ich Erfolg hätte...«.

6) Was sind die positiven Ergebnisse, wenn ich die von mir gewählte Option erfolgreich erlebe?

Benutze deine kreative Vorstellungskraft, um zu sehen, zu hören und zu fühlen, wie diese Option mit völligem Erfolg und einem deutlich positiven Ergebnis für alle Beteiligten stattfindet, als geschähe es in diesem Augenblick. Gib dich auf keinen Fall mit weniger als einem hundertprozentigen Erfolg zufrieden! Mache einfach ein paar Notizen über deine Gefühle und Eindrücke in dieser Erfahrung. Beginne mit:»Meine Erfahrung mit der erfolgreichen Option ist...«.

7) Was müßte ich über mich selbst glauben, wenn meine Option sich in der äußeren Wirklichkeit genauso erfolgreich manifestieren würde wie in der inneren?

Eine Überzeugung ist nicht zufällig, du wählst sie. Es ist daher weise, deine Überzeugung sorgfältig zu wählen. Indem du dich von der inneren Erfahrung der erfolgreichen Option leiten läßt, erzeuge ein neues Gefühl für dich selbst in der Form einer Überzeugung; in der ersten Person - in der Gegenwartsform.

8) Durch welche Handlungen werde ich diese Überzeugung (Nr. 7) in mir selbst festigen?

Entwickle einige Vorstellungen darüber, wie du über einen Zeitraum von einundzwanzig Tagen die Aussage dieser Überzeugung (Nr. 7) in dem und durch den Rahmen der physischen Welt machen kannst. Dieses tägliche Ritual wird dich verwandeln, da es dein Unterbewußtsein von deiner Ernsthaftigkeit und Bereitschaft überzeugt, deine alten Verhaltensweisen zu ändern. Lege eine Handlung schriftlich fest, mit der du dein einundzwanzigtägiges Ritual beginnen wirst. Beginne mit:»Ich werde mein Ritual heute beginnen, indem...«.

Beispiele für Antworten

1) »Ich erwarte, daß sie mir mehr Kooperation und vertrauensvolle Begleitung gibt.« Mutter

2) »Ich biete ein sicheres Heim und mich selbst als treuen Ehemann und engagierten Vater unserer Kinder.« Vater

3) »Was ich am meisten vermeide, ist die Entdeckung, daß ich als Vater und Ehemann ein Versager bin und mich dabei schuldig und unfähig zu finden.«

4) »Meine ganz typische Reaktion ist, sie ehrlich und rachsüchtig mit Worten zu erniedrigen und klein zu machen.«

5) »Wenn ich wüßte, daß ich Erfolg hätte, würde ich ihr mehr Kooperation und vertrauensvolle Begleitung geben.« (Option/Aktion B-2)

6) »Meine Erfahrung mit der erfolgreichen Option gab mir ein Gefühl von Unabhängigkeit und Hingabe mit leichtem Herzen. Ich fühlte mich freier und weit weniger bedürftig.«

7) »Indem ich anderen gebe, was ich am meisten von ihnen erwarte, bekomme ich Kraft und Erfüllung.«
(Alte negative Überzeugung: »Wenn ich ihr gebe, was ich von ihr erwarte, und sie gibt es mir immer noch nicht, bin ich ein Dummkopf und ein Verlierer.«)

8) »Ich werde mein Ritual heute beginnen, indem ich den öffentlichen Weg jäte, wovon ich hoffte, daß es jemand anderer tun würde.«

Anmerkungen

[1] Richard Bach: *Illusions,* Berlin 1989.

[2] Franz Kafka: *Der Prozeß,* Frankfurt 1953.

[3] Sarah Roberts: *Don't Cry Big Bird,* New York, USA, 1981.

[4] Stephanie DeGraff Bender (mit Kathleen Kelleher): *PMS - A Positive Programm To Gain Control,* Los Angeles, CA, 1986.

[5] Gabrielle Roth: *Das befreite Herz - Die Lehren einer Großstadtschamanin aus New York,* München 1990, S. 189 ff.

[6] Gabrielle Roth, a. a. O. S. 220 ff.

[7] William James: *Die Vielfalt religiöser Erfahrung,* Ölten 1979.

[8] Anastasia Toufexis: »The Right of Chemistry«, Artikel in Time international, Februar 1993.

[9] D. H. Lawrence: *Fantasia of the Unconscious,* Chapter 7.

[10] Noel Coward, *Bitter Sweet,* Act I, sc. ii.

[11] Dorothy Parker: *Ballade at Thirty-Five.*

[12] Woody Allen, E. Lax: *Wie ernst es ist, komisch zu sein,* Hamburg 1980.

[13] George Freeman Solomon: *Psychoneuroimmunology,* Academic Press, Orlando, Florida, USA, 1981, p. 178.

[14] Anthony Robbins: *Grenzenlose Energie,* München 1993.

Über den Autor

Otto Rudolph Richter, gebürtiger Amerikaner, leitet Gruppen und ist therapeutisch beratend tätig. Er ist international bekannt aufgrund seiner Seminare zur persönlichen Entwicklung und erfolgreichen Lebensgestaltung. Er hat an zahlreichen TV- und Radiosendungen mitgewirkt und auch als Komponist Eigenkompositionen veröffentlicht. Er war unter anderem als aktiver Künstler in der New Yorker Musikszene tätig. Die Einzigartigkeit dieses vielseitigen Talentes liegt vor allem in der kraftvollen Art, wie Otto Humor und leidenschaftliche Klarheit benutzt, um Ängste und Zweifel zu zerstreuen und neue Quellen der persönlichen Kraft zu erwecken. Er verbindet einige der bewährtesten Selbsthilfetechniken mit uralter Weisheit und seiner eigenen tiefen Erfahrung. Die kompromißlose und ehrliche Form seiner Arbeit ermutigt zu direktem und alltagsbezogenem praktischen Handeln.

Wer mehr über die Arbeit von Otto Richter und seine Trainings und Seminare (sowie seine Musikveröffentlichungen, etc.) wissen möchte:

Human Holographics
Postfach 1 3 1 1
D-79013 Freiburg
Deutschland

info.HumanHolographics.de
www.HumanHolographics.de

Lieber Leser, liebe Leserin, liebend gerne würde ich etwas über deine Erfahrung mit dem Prozeß in diesem Buch sowie die Ergebnisse wissen, zu deren Gestaltung sie in deinem Leben und deinen Partnerschaften beigetragen hat. Sie kann mir auf meinem Weg von großer Hilfe sein, indem ich aus deinen Kommentaren, Vorschlägen, Inspirationen und Entdeckungen lerne. Ich werde nicht in der Lage sein, jeden Brief persönlich zu beantworten, aber vielleicht findest du die Antwort in meinem nächsten Buch. Bitte schreibe an obige Adresse. Vielen Dank im voraus

Otto Rudolph Richter